献给我的父亲：
你是我生命中永远的英雄

献给我的两个女儿：
是你们让我成为自己生命里的英雄

职业重塑

四步完成生涯转型

廖舒祺 —— 著

机械工业出版社
CHINA MACHINE PRESS

本书基于对新时代职业发展趋势的深度剖析，结合300多个职业转型案例，提炼出了职场转型的EPIC模型——"探索、定位、融合、升级"，其中既有思维层面的认知提升，又有行动层面的落地方法。本书通过丰富多样的职业转型案例告诉读者如何应对快速变化的职场，明确职业转型的核心问题所在，深度挖掘自己的优势，在实践中找到自己的核心价值，实现自我增值与职业转型。本书适用于处于职场迷茫期、想要探索职场新方向的各类人群。

图书在版编目（CIP）数据

职业重塑：四步完成生涯转型 / 廖舒祺著 . —北京：机械工业出版社，2022.3（2023.4 重印）

ISBN 978-7-111-63139-2

Ⅰ.①职… Ⅱ.①廖… Ⅲ.①职业选择 Ⅳ.① C913.2

中国版本图书馆 CIP 数据核字（2022）第 024927 号

机械工业出版社（北京市百万庄大街 22 号　邮政编码 100037）

策划编辑：梁一鹏　　　　　　责任编辑：梁一鹏
责任校对：王　欣　贾立萍　　封面设计：吕凤英
责任印制：常天培

北京铭成印刷有限公司印刷

2023 年 4 月第 1 版第 3 次印刷

148mm×210mm · 8.625 印张 · 2 插页 · 143 千字

标准书号：ISBN 978-7-111-63139-2

定价：68.00 元

电话服务　　　　　　　　　　网络服务

客服电话：010-88361066　机 工 官 网：www.cmpbook.com
　　　　　010-88379833　机 工 官 博：weibo.com/cmp1952
　　　　　010-68326294　金 书 网：www.golden-book.com

封底无防伪标均为盗版　机工教育服务网：www.cmpedu.com

推荐序

总听周围的人说，今年有多少毕业生进入职场，是史上最难就业年；也会有人说，谁又创造出来个新产品、新模式、新玩法，是业内大发现。

其实，据我观察，职场转型比创新难，比就业难更多。

求职的人是一张白纸，技能不够可以补，思维不足可以学，没有清晰的方向，可以先尝试着，你的任务是在众多面试者中杀出重围。此时你还年轻，也没有什么沉没成本，一家不行多试试看。你眼前只有一条路，必须一往无前。

创新之难是无方向性的，谁也不知道怎么办，所以一般交给经验丰富的老手。虽然难，但还在自己本行业内，一旦失败，顶多就是回到老路，有个保底。

转型最难，难在一没有方向，二没有退路。

就职的行业或组织已呈弱势，过去入行的激情早就退散，实在是不想继续。但抬头看看，万千行业，每一个都有机会，又都不确定——要往哪里转？回头看看，自己年龄挺大、技能老化，经济压力在身，可以腾挪的空间实在不多——要不还是等等吧？可等着等着，要不就是拖到毫无机会，要不就是拖到行业没了，要转也转不动了。

所以职场人的转型，就好像小胡同里开车——没法调头。舒祺在书里用了一个"卡"字，超级恰当——不上不下，但是还得继续。十有八九的人，不是在错误的路上坚持，就是在盲目的路上探索，成功率很低。

不转又是不行的。一方面组织变化越来越快，没有什么工作、岗位和能力能一杆子做到老，你不自己转，就面临被淘汰；另一方面，现代人的职业生涯越来越长，每个阶段都有不同的需求，一开始求生存，慢慢求认同，而后求发展，再拓展新方向，继而开始创造……这些不同阶段的不同需求，希望一个行业或一个组织给你，基本没戏，所以你也需要转型。

今天，每个职场人的职业生涯里，至少面对 3~4 次的转型。如何顺利转型，是现代职场人的必修课。这门课，大学不教，企业不讲，个人头一回，也没地儿学。

所幸，舒祺在她这本书里，详细地讲清楚了每一步，给了大量的应用工具，并辅以大量的案例、故事和自己的心得，为每个希望通过转变，抓住自己命运的人，铺出一条道路。

舒祺老师是新精英的著名讲师，也是一名资深的生涯规划师，特别擅长讲授企业人才发展、个人职业发展相关的课程。在近 10 年的咨询和培训工作中，她指导了很多人转型，有企业高管、职场妈妈、海归、军人等，并且记录下来他们的故事。更重要的是，在这个期间，她自己也从世界 500 强公司的 HR，转型成新精英的生涯规划师，再到一名自由职业培训师，直到今天有了自己的个人品牌和小团队，去推动更多的人完成转型。

她把职业转型归纳出 4 步，称为 EPIC 模型。

Explore（探索）。

所有的职业转型，都从内在的躁动开始，但不一定以转型为终点。这个阶段，你需要充分体验自己的内心，寻找内在的勇气，用三重盘点看职业世界，探索自己还能做什么。探索完成后，你也许会学习某项技能，更新你的职业能力；也许会接受当前状态，继续深耕几年；也可能你会更加坚定地告诉自己：我要转型。

Position（定位）。

如果说探索是打开更多可能，定位则是在这些选择中，做出更少和更好的选择。这个时候需要回归内心——我对什么真正感兴趣？我坚定地追求什么价值？我的优势是什么，哪些可能迁移到新的领域？我的卖点是什么，如何用一句话告诉人们我的价值？定位是内在和外在的不断交汇，一个个工具梳理下来，你逐渐在新的生态中，找到自己的位置。

Integrate（融合）。

一旦切入新领域，如曾国藩说的一样"结硬寨，打呆仗"，马上全面铺开，创造自己的职业阵地。你需要做 4 件事：首先是创造自己的最小成就，让自己迅速地拿出阶段性成果；然后是升级圈子，让更多人知道并认同你，成为同盟；接着是总结和搭建自己的知识体系，把过去下意识做过的事情总结下来，传播出去，也创造更多的机会；最后，等站稳脚跟，再生出触角，做个斜杠（拥有多重职业和身份的多元生活的人群），体验这个领域的更多可能。

Certain（升级）。

这个部分非常有趣，英文本意为"确定"，而在这里中文却叫升级。这肯定不是翻译错误。照我的理解，这个"确定"，不是确定自己转型对了，或是确定就干这个了，而是通过转型这一路走来，对自己，对行业，有了某种程度的"确认"。舒祺把它叫作升级，因为这个阶段是从打工人到自雇者，甚至是成为自己的 CEO 的视野升级。

不是认命，而是认识了自己的命。

此刻你更理解自己的兴趣、优势、资源、追求、节奏、社交风格、生态位，你眼中既有自己，又有整个职业通路，既有小我，也有大我。你开始思考"为什么工作"这样的命题，你开始自己把握"我该为谁，如何工作"，你甚至会对自己说"如果我的人生是一个作品，我该创作成什么样"。这个阶段你也上班，你也创新，但却不再为了 KPI，为了社会资源，而是为你心中的美好作品。你进入一个全新的阶段。

也许你也准备好了，进入下一个 E—P—I—C。

成为自己的英雄，创造自己的 EPIC（史诗）。

未来几年，世界会变化越来越快。

当职业世界变得动荡，当大家看到职业生涯的躺平、内卷、焦虑和不确定，有人却在其中看到机会、荣耀和史诗——历史中的英雄都是这样，在转变里窥见天机，在乱世里找到天命。

我也祝福这本书的读者，在人生中狭路相逢的一次次转型里，勇敢重新认识自己、发现自己、创造自己，写出自己的 EPIC。

生涯规划师　古典

自 序

2015 年的春天，我出差去山东讲授职业生涯的课程，讲完"职业转型"这部分内容后安排了一次课间休息，这时，一位女士激动地走上讲台，握着我的手说："廖老师，我太激动了，你今天讲的内容解决了我的烦恼，这个烦恼令我纠结和痛苦了快一年，在这之前，我一直认为自己不正常。"

这个女士其实非常优秀，从一所知名院校研究生毕业后，回到家乡在一所大学当老师，之后结婚、生子……小日子过得很不错，为了追求个人成长，她还考了博士，就在博士快毕业时，她突然觉得大学老师这条路好像不是自己想要的生活。于是她跑去问周围的同事，同事都用一副"你有病啊"的表情看着她，说："大学老师多好！说出去好听，一年还有两个假期……"

她不甘心，回到家里跟家人表达想法。家人更是苦口婆心对她说："别作了，好好珍惜眼前的幸福生活，净瞎想……"

她对我说："今天听完你的课，我才知道原来在这个世界上，我并不孤独……"

　　这次的对话让我很触动，一个名校研究生、在读博士在面对自我意识觉醒、想要探索人生更多可能性时，除了被贴上"作、有病、瞎折腾"的标签外，居然得不到正确的引导和善意的鼓励。

　　回到北京，我在"在行"（一个知识经验交流的线上平台）开通了职业转型的话题"约见"，话题一路火爆，持续至今。生活在这样一个复杂多变的时代，无论主动或被动，我们面对"转变"的需求史无前例得多，无论是变换行业、城市、岗位，或是离开组织成为全职父母、自由职业者等，彻底转变职业身份都变得习以为常。虽然变化很常见，但我们面对"转变"这件事情的应对能力，却没有因为时代的变化而自动地提高。

　　过去这些年，我接触和辅导了数百个转型的咨询案例，前来寻求转型建议的人有着各种各样的背景，有体制内公务员、老师、IT技术人员、企业管理者、部队军官、职场妈妈，这里面只有极少数人能够依靠自己的努力，艰难地度过转型的适应期，慢慢走入正轨，绝大多数人要么过早地放弃，要么错误地坚持着。

　　转型这件事难不难？实话说，非常不容易，经历过转型的人形容进入职业转型期就像走进了一条幽暗的隧道，不知道前方哪儿有"坑"，哪里会碰壁，何处是尽头。

例如，一直挣扎于"转"还是"不转"的人会说：

"转型真是自己挂在心口已经生锈的一把刀，总觉得太难，迷茫又不知所措。"

"想转型做 ×× 行业，但不知道要做哪些准备，如何迈出第一步。"

"如果我转型失败了，该怎么办？大家本来就等着看我的笑话，这下不是正好中招？"

转型进入新行业、新环境中的人也依然挑战重重：

"当初我以为的选择了梦想中的职业，原来是自己给自己挖的最大的'坑'。"

"转型中的我掉进了自我怀疑和否定的循环中，看不到前路，回不到过去，感觉被'卡'住了，多少次夜半惊醒，痛苦无人诉说，只能自己给自己打气。"

"我该如何跟人解释我为什么做出这样的转变，从而获得理解和信任呢？"

……

这些问题都是我在咨询的过程中被学员反复问到的，我相信从这些真实的话语中，你能感知到人们在面对变化时的纠结、焦虑和不安。转型的过程充满了不确定性和模糊性，当这些问题得不到正确的指引和合理的解答时，有人为了缓解焦虑，就开始给自己设边界，比如：我给自己一年的时间，如果在新方向上做不出个名堂，我就老老实实地回到老本行，不再折腾。

但是，单纯的时间维度并不能简单地衡量转型的进度。事实上，有些人真的退回老本行，也会因为不甘又进行第二次转型，这跟逃离了北上广，结果发现回到家乡还是适应不了，又逃回北上广是一样的。转型这条路上无论是过早放弃、错误地坚持，还是"卡"在途中，都源自找不到破解问题的底层逻辑，于是很多人陷入这些至关重要的人生难题中，不停地原地打转，无法突破。

所以，这几年我一直在思考，如何才能让更多面临职业转型的人看到自己转型的进度，知道自己处在哪个阶段，面临什么样的障碍，以及什么才是这个阶段最佳的应对策略。

于是我开始梳理这些年辅导过的 300 多个转型案例，在梳理过程中，我开始对转型的每个阶段进行分解、分析，最终提炼出了以下的"转型全景图"，我把这个模型叫作 EPIC 模型，这四个字母分别代表 Explore（探索）、Position（定位）、Integrate（融合）、Certain（升级）。

我发现成功的转型者大致会经历这样的轨迹：

探索。在他们起心动念想要转变时，他们会打开自己，寻求外界帮助来进行高效的探索，以此判断自己遇到的问题能否通过转型解决，及当前阶段是否适合转型。

定位。当他们决定要转型时，一方面他们会向内探索并明确自己的兴趣、能力、价值观；另一方面也向外寻找职业信息、对标榜样人物，以减少盲目试错，找到最佳匹配点。

融合。一旦转型到新领域，一方面他们要积极融入新圈子，让自己产生职业身份认同；另一方面还要挖掘自身独特优势，从而在新圈子里展现自己，获得更多机会。

升级。升级在这里有两层含义，一方面是需要确定性，很多转型的人就是因为面临发展的不确定，对自己的职业失去了掌控感，所以如果度过了前面几步就会进入一种内心踏实、安定的状态。另一方面，一个人一旦拥有这种确定感也就预示着下一次"升级之旅"的开启，所以他要开始思考如何进一步扩大势能以及打造个人品牌。

当我把这个 EPIC 模型（如图 0-1 所示）梳理出来时，我突然发现，它不仅仅适用于面临职业转变的人，它还可以用在人生其他层面的转变上，比如婚恋、生育等。我们通过每一个环节来实现自我突破,完成一次次的自我成长之旅。EPIC 的中文词义是"史诗般的",我们每个人都是自己平凡生活中的英雄,都值得用一生去走出属于自己史诗般的"英雄之旅"。

图 0-1

我在过去的职业生涯中经历过两次大的职业转变。第一次,我在组织里从没那么喜欢和擅长的岗位换到喜欢且擅长的岗位;第二次,我离开组织成为一名独立的培训师,过上了更符合自己的价值观,也更能发挥自身能力优势的生活。更为重要的是,在这个过程中我变成了一个信仰"长期主义"的终身成长者。

在这本书里，我会以 EPIC 模型为框架，结合自己持续转变和行动的经历，以及我对职业转型的理解，带着大家识别转型过程中每个阶段面临的阻碍、出现的心理状态和行为表现，也会为你提供相对应的思考策略和解决方法，助你一路打怪、通关、升级。

在写作本书的过程中，我去了很多图书馆和网站查了"职业转型"这个词的释义，找到了很多相关的书和条目，但在国内出版的书里，却没有找到系统阐述"职业转型"这件事的本质，以及告诉大家如何顺利度过职业转型这个过程，尤其是隐含在"职业转型"这件事背后的人的内在成长过程。

这个发现也成为我写下这本书的重要驱动力，希望为那些处在自我探索初期、正在经历职业转型以及人生转变过程的人提供一份善意的支持和一套实用的方法——让人们能更清醒地认知职业转型这件事，能学会分辨要点，在不断的行动和反思中建立起对职业和生活的掌控感，从容坚定地度过艰难的转变时期，踏上新的人生征程。

我相信这本书可以成为你在转型途中的行动指南，无论你是处在迷茫中的转型新人，还是已经起航，航行于转型途中的"勇士"，你都能在这本指南里找到你想要的建议，它会告诉你要注意什么问题，在哪里可以找到支持和同伴。

我也相信，一个人如果能走完整个"转变之旅"的过程，他的人生就系统地完成了一次升级，而没走完的人，可能会回到成长的原点、重归旧的轨道。所以，这也是一场"英雄之旅"。请带着这份转型指南，往前走，我们一起来一次难忘的"转变之旅"。

廖舒祺

2021 年 9 月

目 录

推荐序

自序　终身转型，做时代的追光者

第一章　　**从现象到本质：说透职业转型这件事**

／001

　　　　第一节　变化时代，人人都要职业转型吗　　／001

　　　　第二节　关于职业转型，你知道的可能是错的　　／010

　　　　第三节　后疫情时代，你需要全新的

　　　　　　　　职业发展思路　　／017

　　　　第四节　EPIC 模型，转型之旅出发前的行动指南　　／027

第二章　　**探索：如何从敢想到敢做**

／037

　　　　第一节　勇气可以被训练，两个方法让你获得

　　　　　　　　突破的勇气　　／037

　　　　第二节　三重盘点法，打开人生更多可能　　／046

　　　　第三节　找到最佳交汇点，在转型探索中

做出靠谱选择 / 060

第四节　从敢想到敢做，实现真正的转变 / 073

第五节　找到对标人物，开启转型行动第一步 / 081

第三章　**定位：如何从敢做到做对**

/ 091

第一节　内在支点和外在卖点的交点，

才是最佳定位点 / 091

第二节　兴趣探索，三步锁定你想做的事情 / 100

第三节　价值锚定，如何做出无悔于心的职业选择 / 109

第四节　价值修炼，像高手一样专注笃定，

活出自我 / 118

第五节　打造独特优势，找准高回报的

转型发力点 / 126

第四章　**融合：如何从做对到做稳**

/ 137

第一节　用最小成就系统快速适应新领域 / 137

第二节　升级圈子，实现转型路上的快速突围 / 147

第三节　增量思维：高手突破边界，扎根新领域的

真正秘诀　　　　　　　　　　　　　／ 155

第四节　开启斜杠生涯，提前体验新世界　　／ 166

第五章　**升级：如何从做稳到做强**

／ 175

第一节　穿透黄金圈，真正开启升级人生　　／ 175

第二节　成为自我雇用者，拿回对职业的掌控感　／ 185

第三节　打造作品：活出人生意义的最好方式　／ 195

第四节　讲好转型故事，实现真实蜕变　　／ 204

后记　**转型就是成为你自己**

／ 215

附录　**那些年，影响我的转型英雄们**

／ 225

故事一　20 多岁新人转型：如何用每一次选择

布局职业生涯　　　　　　　　／ 225

故事二　30 多岁女性转型：如何用支持系统构建

丰盈人生 / 233

故事三 体制内转型：如何用迭代思维突破

内心限制 / 241

致谢

/ 249

参考文献

/ 252

第一章

从现象到本质：说透职业转型这件事

第一节　变化时代，人人都要职业转型吗

一、什么人需要考虑转型

我曾在国外的网站上看到一篇文章，题目叫《中年职业生涯转换》，副标题是"如何在你 40、50、60 岁时开启一份新职业"。文中提到美国政府的一项研究：在美国，一个人从 18 岁到 46 岁的职业生涯中平均会经历 11 份工作，这些变动有主动的也有被动的，而且这种现象正在全球蔓延。

在我国虽然没看到类似的数据，但在今天这样一个快速变化的时代，职场人主动求变的趋势已经很明显，比如，我就经常收到职场人发来这样的求助问题：

面对岗位 / 工作内容 / 职业生涯变化带来的压力时，该如何应对？

面对新的工作机会，如何选择？

如何找到适合自己的职业方向？

如果发现现在从事的职业方向不适合自己，如何做出改变？

这些问题大多来自有一定经验的职场人，他们有专业技术，职场关系也不错，但不甘心遵循自己一眼看到头的职业轨迹，于是想改变自己的职业甚至换一种活法，但不知道如何做出恰当的选择，做出改变。

面对变化，是跳槽、换份工作就可以解决，还是必须要转型？变化时代，人人都要转型、换赛道吗？一个人在什么样的情况下适合考虑转型呢？

欧洲工商管理学院的伊瓦拉教授跟踪研究了 40 名转型的职场人之后，提出了"职业选择金字塔"的模型，如图 1-1 所示。

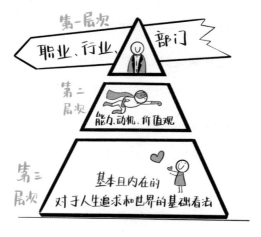

图　1-1

金字塔分为三个层次。第一层次是我们找工作时能一眼看到的东西，比如：我在××公司做产品经理。如果一个人是被行业、岗位的外在条件诱惑而想转型，他对职业的理解基本停留在这一层。如果只按照这个标准去做职业选择，很容易掉进坑里，因为他只看到了职业的表面，一旦上手去做，才知道跟自己想象的完全不是一回事，比如喜欢坐在环境优美的咖啡馆和经营一家咖啡馆，完全是两回事。任何一份看上去光鲜的职业背后都有不为人知的艰辛和付出。

金字塔的第二层次是能力、动机、价值观，这些要素相比起头衔等外在条件是我们相对内控的要素，这些要素通常不会因为换一份工作或岗位而变化。对职业选择的思考到了这一层，关注点不再是表面的光鲜，而是开始从能力优势和长远价值交换的维度看待职业决策。这一层的人会考虑"我最擅长做什么？""这个行业未来2~3年的趋势是什么？""我想要在这家公司实现什么价值？"等问题。

金字塔的第三层次是我们对于人生追求和世界的看法，这是我们存在于世的理由，它满足的是一个人的存在感和人生的意义。如果有一天你跟周围的人说你想换工作，所有人都觉得你疯了，明明这么好的工作为什么要换，瞎折腾，或许你就到这层了。当一个人摆脱了传统世俗的价值束缚，而是基于"我想成为一个什么样的人"的驱动去选择职业，就到达了这一层。

比如，我身边就有一些"职场金领"的高管朋友，为了追求自己真正的热爱和探索生命的更多可能性，毅然放弃原有赛道多年的积累，转去新的赛道，整个过程非常让人触动。

我们生活在一个瞬息万变、看上去提供了无限选择，但其实很难确定明确方向的时代，每一个求变的人是否真的适合转型呢？当你冒出转型念头时，我建议你先用职业选择金字塔对自己的职业动力做一番检视，再考虑是否真的要转换赛道、换种活法。

第一层次——要慎重。

职业动力停留在金字塔第一层的人，我不建议转型。

之前辅导过一个学员，因为晋升失败，于是想从后台的财务职能岗位转去前台做金融产品的销售。但我们梳理后发现，她无论是能力优势还是资源支持都非常不适合做销售，于是在我的建议下以及她再三思考后，她选择换一个小一点的平台去实现理想的收入目标，同时还能兼顾自己在家庭中的角色，事后她说幸好当时没有冲动转型，否则后果很难想象。

第二层次——可考虑。

职业动力在金字塔第二层的可以考虑尝试转型。

如果一个人是被做事的热情驱动，想去挑战新领域和新工作，就要抓住机会去尝试和探索，然后在结果的反馈中一步步推进。

拿我自己来说，我在曾经的人力资源工作中就很享受用自己的专业知识帮助员工实现成长的过程，对个人成长学科也充满了好奇和激情。这些动力驱使我做了很多学习和尝试，并最终让我离开之前稳定的外企金领岗位，转型成为一名职业培训师，因为这是我更喜欢、更有激情的事情。

第三层次——好时机。

职业动力到了金字塔最底层的人已迎来转型最佳时期。

如果有一天你已经想清楚了自己这一生想要成为什么样的人，并且已经付出行动，达到了金字塔的最底层，而且发现想做的事情和当下在做的事情无法调和的时候，那么恭喜你，转型的最佳时机已经到了。

我的恩师——新精英的创始人古典老师，当年在新东方教英语的时候就通过学习职业生涯规划、教练课程，以及积极地拓展生涯咨询实践，确立了自己的人生愿景，因而从新东方离开，开创了新精英，帮助更多的人成长。

二、动机 6 问，帮你避免盲目转型

如何能更好地判断和梳理职业转变动机是否到了第二和第三层呢？我整理了一张检视清单，用来更好地觉察自己的转型动机，在出发前，请认真地回答下面这 6 个问题：

1. 我有哪些内心想尝试，但是一直没有勇气去做的事情？

2. 你周围的人经常向你请教什么问题，其中你对什么话题最感兴趣 / 最兴奋 / 最有成就感？

3. 当我获得我想要的，我会给社会、公司、家庭带去什么样的影响？

4. 是什么在阻碍我得到想要的？我在顾虑和担忧什么？能短期克服还是要长期积累？

5. 为了帮助自己建立一个支持、问责的环境，有谁可以成为我的支持者、帮助者？

6. 我可以做的一个最小的行动是什么？

我建议你找一个不被打扰的时间，认真回答这 6 个问题。如果你对于这些问题能很快作答，并且答案清晰明确，就说明你对于转换职业的思考脱离了简单的表象吸引，进入到更内在、更深层次的思索中。

所以请诚实地面对自己，用这 6 个问题来审视自己的内心，这份内在的力量也会让你更有动力继续走下去。

三、什么人不适合转型

有很多职场人都问过我，有没有哪些情况或者哪类人不适合转型，从我的研究和实践来看，其实没有哪类人完全不适合转型，但以下两种心态容易使人在转型过程中遇到很多阻碍，需要引起我们关注。

第一类是在转型中寻求绝对安全，思维僵化。他们会期待下定决心后，通过一次转型就改变之前所有的事情，对于这类人我通常都不太鼓励去转型。因为真正的转型首先要做的事很可能是试错，我们换到一个新的行业或职业，会有各种不确定的因素，我们可以用小范围、低成本的方式去尝试新行业的工作，但即便如此也有可能面临反复。我之前辅导过一个学员就因为想挑战自己，从教育行业转型去了金融行业，结果坚持了两年发现自己还是更喜欢教育行业，于是又折腾回来，所以在转型过程中保持开放积极的心态非常重要。

第二类是心态上太急，想要一步到位。心态上操之过急的人通常是把转型当作简单的跳槽、换工作，但真正的转型本质上是一个自我身份转变和认同的过程，是一个人职业身份重新塑造、阐释的过程，这个过程不是通过短暂外表变化就能实现的。我的一个学员在探索转型后给我写过一段话：

"原来转型是一个如此漫长的过程，从自己起心动念到新岗位重新开始，时间已经过去了一年多，在这个过程中对自己要有足够的耐心；如果不是亲身经历，很难体会这其中的纠结、反复、迷茫、无助，但庆幸的是，在导师的帮助和自己的坚持下一步步行动，最后的结果我很开心。"如果一个人抱着在很短时间内就能转型成功的心态，很可能在遇到挑战时就会自我怀疑和否定，甚至半途而废。所以决定转型的人要调整好自己的心态，告诉自己转型是一个长期持续的过程，从起心动念到进入新的岗位重新开始，需要逐步调整和适应，在这个过程中对自己要有足够的耐心。

当一个人想要寻求转变时，如何能有效避免抱有寻求绝对安全或者操之过急的心态呢？

迪士尼将他和团队的创作过程分割成了三个阶段：梦想家、现实主义者和批评家。在梦想家阶段，大家天马行空地启动想象力，并且不必考虑能否实现的问题，也不允许有批评；到了现实主义者阶段，才开始考虑如何实现的问题，同样也不允许批评；直到批评家阶段，才开始有批评。

实际上，我们每个人的思维过程都包含着这三个角色，只是普通人这三个角色常常是混在一起的，这导致每一个角色都没有充分发展的空间。例如当你憧憬一个梦想时，你现实主义者的角色同时会担心，这能实现吗？甚至干脆就调动批评者的角色说："你根本实现不了你的梦想。"同样的，你也很难做一个尽兴的批评家，因为这时你的梦想家角色可能会跳出来说："你怎么可以这样做，你这个没有想象力的家伙，你知不知道你在给我泼冷水！"而现实主义者的角色也可能会跳出来说："你除了批评还会做什么，你知不知道我有多辛苦！"

这三个角色混在一起，一个人的思考就会变得混乱，而将这三个角色切割开，给每个角色单独的空间，这种混乱就会大为改观，并且在每个单独的空间内，这个空间所负责的那一部分就会充分发挥作用。

比如，现实中，当你想要思考任何梦想或想法时，给自己设定一个"梦想家"的角色，在这个角色里你可以尽情想象，而不允许有任何批评；等进入"现实主义者"的角色，你就给自己制订实现梦想的计划；最后进入"批评家"角色，再从多方面发现梦想和计划不足，三个角色多轮换几次，你的疑虑和恐惧就会降低很多。

生活在这个时代，无论是创业还是打工，无论在体制内还是体制外，迪士尼的策略对我们都是一个极有借鉴意义的思考模式，变化的时代，不断折腾和前进才是最大的稳定。

第二节　关于职业转型，你知道的可能是错的

这些年，我累计做了几百个"职业转型"的案例咨询，我发现，大家除了缺少具体怎么转型的方法外，对"到底什么是转型"这件事的认知也有很多误解。

一、关于转型的三种误解

误解 1：转型是中年人才会考虑的事情。

提到职业转型，很多人认为这是在职业中期才会有的需求或现象。

2019 年春节过后，94 年出生的姑娘小婷通过"在行"找到了我。小婷很优秀，毕业后靠实力加入一家头部的券商公司，在分所的营业部做了 1 年理财规划之后，被推荐到直属营业部做运营，她只用了 8 个月就做到了运营主管，普通人至少需要 3 年才能拥有这样的成绩。10 个月后，因为表现优异，她获得内部晋升机会去集团总部，但直属老板不愿放人，跟小婷说："你是个

老实孩子，不适合去那种勾心斗角的部门。"

小婷平静地说完以上的经历，我本来以为要辅导些"向上管理"的技巧，没想到她话锋一转说："其实我很感激我的老板，他的一句'不适合'点醒了我。我就算去了总部，如果长期从事一份自己有能力做好，但很难真正投入其中的工作，到最后可能还是会被动地面临转换赛道。比起跟钱和数据打交道，我更希望从事跟人打交道的工作，所以与其如此，还不如现在就主动出击，提前做准备，去到我真正有热情的领域，我希望我的人生充满各种可能性，而不是在30岁的时候，看到自己50岁的样子。"

小婷的案例是今天职场中很多优秀年轻人的真实写照。越来越多的年轻人满足了基本的物质需求后，开始主动寻求改变和突破，他们中有些人在职业初期就在寻找长期方向，并且主动提升自己，上一代人在三十多岁才会有所察觉和重视的问题，他们在二十多岁就开始思考并付诸行动了。

之所以出现这样的现象，跟国家的经济发展阶段以及职场新生代崛起有关。成长于互联网时代的90后对于权威和成功开始有了自己的思考，他们对于知名大公司不再盲目迷恋，而是会选择去那些更能发挥他们优势和兴趣的小平台。他们对于职位的追求也不愿压抑个性，更不愿为了世俗意义的"成功"而牺牲掉当下的快乐。当这种"幸福需求"觉醒时，他们就会反思：当前工作的价值何在？工作对于人生的意义是什么？

所以"转型"不是中年人的特权，当一个人开始自我探索时，就可能产生职业方向改变的需求。

误解2：转型要从已有的资源和能力出发寻找方向。

经常听到来咨询的客户有这样的感叹："我特别想做××工作，但没有行业积累和资源，不敢转过去。"

因为职业的原因，这些年我见过太多跨行业转型成功的案例。例如，我的一个学员转型前是一名退役军官，但他只用了三年的时间，从部队离开后转型成为一家互联网公司的产品副总裁；我还有一名非常成功的律师朋友，因为对于美食的热爱，转型去做了一名面包师，并且发誓要做出比法国牛角包更好吃的中国面包。

其实这样的职业转变不是现代职场才有的事，但丁在40岁时写了《神曲》；保罗·高更在35岁才辞去银行股票经纪人的工作全身投入绘画，最终在大溪地群岛成为一名对后世影响深远的大画家；如果你读过《送别》的作词者李叔同的生平故事，你会惊叹于人一生的职业经历竟可以丰富到几乎没有边界。

真正决定我们能从事什么事业的，不应该局限于我们当下的现状或者我们有什么资源，而是要去探索自己内在的热情，并且真正的投入时间和精力开始去做。

误解 3：外在职业变化可以让自己突破职业瓶颈。

还有一类希望转换职业的人，他们因为当下的职业发展遇到了瓶颈，所以对新的工作充满期待：

"我只要换一份工作就再也不用和这么烦人的老板打交道了！"

"我到了关键的岗位就再也不用做这些琐碎、重复的事情了！"

"如果自己创业，就可以天天做自己喜欢的且有意义的事情了！"

但现实情况却是：

本以为不做销售就可以不用整天给客户推荐产品，但到了职能部门后才发现，自己依旧很难让他人采用自己的提案和建议。

本以为到了关键岗位自己可以利用大项目提升能力，结果发现自己的抗压能力和时间管理能力根本无法支撑这样的交付压力。

创业前，特别爱好摄影，创办摄影工作室之后，天天就是来回打磨照片，想象中的新奇与激情也在慢慢褪去。

很多人在思考职业转型时会过多考虑外在的资源、信息、岗位等，他们以为当这些东西到位后，自己就能立马进入角色，转型成功，其实他们误解了转型真正的定义。

二、职业转型的本质：重新塑造职业身份、实现内在转变的过程

分享一位我特别佩服的人——兵姐的职业经历，她的职业发展经历过三个阶段的转变，每一次转型跨度都不小。

第一次，国企 13 年。兵姐大学学会计出身，毕业后她在央企集团旗下的一家合资公司用 3 年做到了财务经理的职位。因为不想过这种一眼能看到 50 岁样子的生活，她主动选择调岗成为一名北漂。结果刚到北京就遭遇了人生的至暗时刻，面对困难她没有退缩，而是坚持下来，所幸遇到了职场贵人，选择一个国企的平台，重新开始。

第二次，外企 15 年。在国企工作十多年后，因为内在渴望转变加之集团重组，兵姐主动选择从高位退出，她戏称自己从国企最年轻的领导沦为"无业游民"。但此时兵姐是希望借助这样的"暂停键"来开启深度的内在探索。她结合自身能力优势，加之考察了外部环境后，果断选择加入一家从事石油行业的外企，从中国公司的财务经理一直做到中国区首席代表。

第三次，画家。2015 年，在职业生涯经历二十多个年头后，兵姐在职业之余开启了自己的"兴趣之旅"。她在清华大学美术学院开始跟随名师学习绘画，两年后，她出版了自己的首本画册《素面朝阳：张兵水墨集》，2017～2018 年三次参加国内画展，

2018 年 4 月在德国参加中德艺术家作品展。

兵姐跟我说，她不知道自己接下来有什么变化，但她有一条原则就是：她不会局限于自己已有的资源和能力决定下一步做什么，而是会向着那些能极大丰富和完善自己，能提升自己内在能量的方向和领域出发，去探索更多的可能性，迎接更多挑战。

从兵姐的故事中我们可以看到，职业转型跟普通的跳槽、换工作不一样，换份工作通常只是涉及外在职业角色和环境的变化，比如你每天的工作任务、所处的环境和接触什么样的人不一样了。但职业转型涵盖的范围更广，除了外在的转变外，它更包含了一个人内在的转变，例如："我怎么看待自己的职业？""我到底想要成为一个什么样的人？"甚至还包括更抽象一些的问题"我想要在这个世界上留下些什么，改变些什么？"等。

在今天这样一个数字化时代，职业对于很多人来说，早已不仅仅是一种谋生手段，它更是我们获得认可和承载人生意义的载体，在"转型"和"折腾"的背后是一个人不断学习、不断突破，以及不断调整自己知识结构和认知模式的体现。对于每一个渴望在人生不同阶段活出精彩的人来说，当原有的工作不再具有挑战性或乐趣时，他就会开始思考转变。

这样的转变过程，本质上是一个人自我身份转变和认同的过程，是我们探索自己，完成自我身份重新塑造和解释的过程。即使你前期的准备和积累的资源再多，当真的要离开自己常年熟悉的领域时，你才会发现转型是一件非常不容易的事情。

三、变化的时代，需要终身转型的人才

既然转型这么难，为什么我们还要去做这件事情呢？

辅导众多职场人转型的这些年，我见证了很多人的转型过程，我本人也经历了两次职业转型，现在依然走在冒险和成为更好的自己的征程中，艰难却义无反顾。走着走着，我突然发现了一件事情，那就是：在今天这样一个多变复杂的时代，终身转型的人或许是这个时代更为需要的人才。

从成长阶段来看，一个人无论选择的职业领域是什么，我们在每一个人生阶段都需要去完成相同的"人生转变"任务：

走上社会之初，我们需要从对他人依赖到独立自主的转变。

三十多岁时，我们需要修炼核心竞争力，去跟更多的人群或价值产生连接和互助，为获得更大的自主性做好准备。

再往后的人生，我们要打开自己，连接更为丰富的资源，去寻求人生的意义和价值，拓展生命更多可能性，为社会作出更大的贡献……

事实上，一个终身学习和成长的人，生命状态正是以一种交替变化的方式向前推进：稳定、变化、稳定、变化……最终呈现出一种螺旋上升，不断成长的形态。这样的人不仅能在岗位上不停探索、发挥自己优势，还能更有内在驱动力去主动规划、布局，去实现下一次的创新和突破。在个体崛起的时代，这种突破线性的发展模式、追求螺旋式上升的职业发展路径，会成为越来越多人的选择，这样的人才也恰恰是这个时代真正需要的人才。

第三节　后疫情时代，你需要全新的职业发展思路

2020 年春节，突如其来的新冠疫情席卷全球，影响世界。也让众多职场人开始重新思考自己在企业里的发展。有一天，我在社群里收到一个学员的提问，她说：

"老师，最近因为对公司的管理风格不认可，我觉得自己在公司待着成长很慢；但另一方面也知道疫情期间各个企业要控制人力成本，所以求职会受影响。很矛盾，我该怎么办？"

确实，在全球疫情的影响之下，一些企业开始过"紧日子"：部分企业开始裁员；即使没有裁员的公司，也在"捂紧钱

袋过日子"，比如把晋升涨薪、招聘、差旅等通通按下暂停键。因此，部分职场人想要离职又担心出去不好找工作，也不知道自己该去做什么，去哪家公司才好，这是很多人现在遇到的两难困境。

在我看来，这次暂停键和裁员潮对于职场人来说，不仅仅意味着换一份工作、换一家单位这么简单，而是你整个职业发展的观念和思路要彻底转变。

一、当今时代，职业发展的新趋势

我曾仔细研读过一份报告——《2019 年生活服务业新职业人群报告》，读完后我发现，别说未来了，光是了解到现在已经出现的新职业时，都让我很惊叹了。

先来看看基于我们的生活服务平台都有哪些典型的新职业。

视觉设计：旅拍摄影师、非遗产品设计师、整屋设计师。

体验设计：轰趴管家、密室剧本设计师、民宿房东。

游戏：电竞顾问、CS 教练。

宠物：宠物摄影师、宠物驯养师、宠物医生。

健身形体：整形医生、产后修复师、整体造型师、健身教练、美甲美睫师、头皮养护师。

这还只是生活服务类平台，其他科技领域要是加起来，会有更多的新兴好玩的，你可能听都没听说过的职业，这些职业呈现出什么样的趋势呢？

趋势一：未来的职业会把人服务得越来越舒服。

报告里对比了就业景气较好和不好的十个行业，景气最好的几个职业都是和人密切相关的，例如：中介服务、教育、培训等；另一方面，那些离人远的，与人互动得少的行业则景气指数连连下降，例如：航空航天研究与制造、能源、矿产、采掘、冶炼等。

事实上，随着生活服务业的转型升级，越来越多高学历人才也积极投身到与人打交道的新职业中，高学历人才爱从事的新职业前三名是：整形医生、心理咨询师、STEM 创客指导师。

所以，在未来的职业中，如果你不是科研型人才，就不用去死磕那些高精尖的技术，而是看看你能在哪些场景中挖掘人们的痛点，然后再创造性地依托于现有技术去改善现有流程、提升客户体验，这是大部分职场人在未来取胜的关键。

趋势二：娱乐和体验经济在迅速崛起。

在这份报告中，我对比了一下从事新职业的人群，无论是从高薪的分布密度和薪资上限程度来看，休闲娱乐都是最赚钱的。

此外，数据显示，创业者最爱选择的服务行业也是休闲娱乐行业。

国际知名企业管理专家斯科特·麦克凯恩在《一切行业都是娱乐业》一书中谈道，娱乐业法则在今天极为重要，原因有三：第一，仅做到产品优质已不能满足当今时代的客户了；第二，因绝佳消费体验而激动万分的客户会忍不住与他人分享自己的经验；第三，打造绝佳体验的前提是与客户建立情感联系。

社会变化快、压力大，人们对于放松娱乐的需求越来越强烈，谁不想在公司开了一天无聊冗长的会议之后，回家看看自己喜欢的节目？现实生活中有那么多不如意的事情，而休闲娱乐就是开辟出一个精神空间来让你开心大笑，让你觉得好玩有趣。

趋势三：未来会有许多你从来没有听说过的专家。

现代职场对于"专家"的定义早已经不是学术领域、金字塔尖的少数几个顶级意见领袖。只要你能在自己选定的细分领域内不断连接客户、创造价值，成为专业人士，你就是一名"专家"，可以说人生有多少种可能，"专家"就有多少种可能性。

我在国内大型知识付费平台"得到"看了一下最热门的30门课，这里面就有很多以前没听说过的专家：声音训练专家、跨文化研究专家、人际关系洞察家、独立护肤专家、结构思考力专家……

未来的职业，也许不是按照领域划分的，而是按照问题划分的。所以，每一个解决了某一细分问题的人都有可能成为该领域的专家，未来你可能会见到让人眼花缭乱的专家。

总之，人性化、娱乐化、专业化会成为未来职业的趋势。

面对这些变化，我们该如何提前准备，增强自己的职场竞争力，让自己在应对变化时更有掌控感呢？

二、后疫情时代，职业发展的新思路

1. 突破传统职业晋升路径，从用户痛点出发，为自己开辟职业新机会

讲个真实的案例：

案例主人公叫秦朝，秦朝之前的职业是一家门户网站的美食编辑，按照传统的职业发展规划，秦朝的发展路径应该是"普通编辑——策划编辑——频道运营——副总编——总编"，这也是绝大多数职场人进入到一家大公司之后的成长路径，但秦朝对于这种一眼就能看到头的发展产生了倦怠。

于是他找来一个同样热爱内容和媒体的伙伴，两人合力做了一个公众号。考虑到餐饮领域已经有很多意见领袖，为了做到差

异化,他们最终把用户定位到餐厅老板,通过提供营销方案、餐厅风格设计、经营转型等内容,帮助餐厅老板更好地做生意。因为定位精准、内容实用,他们很快就在众多的服务类公众号中脱颖而出,在公号运营两年后获得吴晓波团队的融资。秦朝也将自己的业务拓展到除了内容和广告服务以外的业务,进一步加强在餐饮界的影响力,打造了餐饮产业链一站式服务平台——餐饮老板内参。

回到秦朝个人的职业路径,他把自己本来一眼能看到头的传统职业发展路径变成了"刊物创始人——自媒体创业者——餐饮行业某垂直领域第一人——跨界经营者——无限跨界可能性……"这条路径也是很多职场人可以参考的,去走出属于自己的专家发展路径(如图1-2所示)。

图 1-2

2. 关注趋势，警惕"脑力流水线"工作领域，选择安全领域的"未来职业"

麦肯锡咨询公司曾经发布报告预测：到 2023 年，机器人将取代 2000 万个工作岗位。

人工智能对于人类职业格局的影响是颠覆性的，这种颠覆不仅体现在自动化取代体力劳动，很多在今天有一定技术门槛的工作也不意味着就是稳定的职业保障。

《哈佛商业评论》杂志总结出来的未来职业消失概率前十名和后十名，如图 1-3 所示，从图中你可以看到消失概率高的职业里有很多是今天高学历白领从事的职业。

365种职业消失概率(前10名、后10名)

10~15年内职业消失概率			职业种类		
365	电话销售员/市场	98.3%	1	人工智能科学家	0.1%
364	打字员或相关键盘工作者	98.1%	2	创业者	0.1%
363	过秤员、评级员或分类员	97.9%	3	心理学家	0.1%
362	常规程序检察员和测试员	97.7%	4	宗教教职人员	0.1%
361	流水线质检员	97.5%	5	酒店与住宿经理或业主	0.1%
360	簿记员、票据管理员或工资结算员	97.3%	6	首席执行官	0.1%
359	银行或邮局职员	97.1%	7	首席营销官	0.1%
358	财务类行政人员	96.9%	8	卫生服务与公共卫生管理或主管	0.1%
357	装配工和常规程序操作工	96.7%	9	教育机构高级专家	0.1%
356	纸料和木料机操作工	96.5%	10	特殊教育老师	0.1%

图 1-3

（图片来自《哈佛商业评论》）

所以我们要提前规划和布局我们的职业赛道，去分析哪些工作会有被人工智能取代的可能性，以及什么是机器不能做的。比如，人工智能虽然在计算和数据优化等方面远超人类，但一个婴儿能做到的简单"表情识别"动作对于机器来说却很难突破，而在需要与人类互动、作出复杂策略的很多领域，人工智能也无法做到轻松跨越。

创新工厂创始人用两张图更加明确地展示了"体力劳动"和"认知劳动"的趋势走向（如图 1-4 所示），无论你从事的是"体力劳动"还是"认知劳动"为主的职业，我都鼓励你利用这张表格做以下两个动作：

第一，分析自己目前的职业处于哪个区，是在危险区、结合区、慢变区还是安全区？

第二，思考如何布局接下来的职业，可以逐步进入"安全区"，提前做技能和资源准备。

以我为例，培训师和咨询师属于认知劳动"结合区"领域的工作。因为我们几乎每天都跟不同的客户、学员打交道，属于强社交。但从课程内容和授课方式上来说，随着通信技术和 5G 的普及，很多没有创作或内容开发能力的讲师属于"优化型"，会逐渐被淘汰。于是我这样思考和布局自己接下来的职业：

1. 增加自己在课程开发方面的积累和技能。

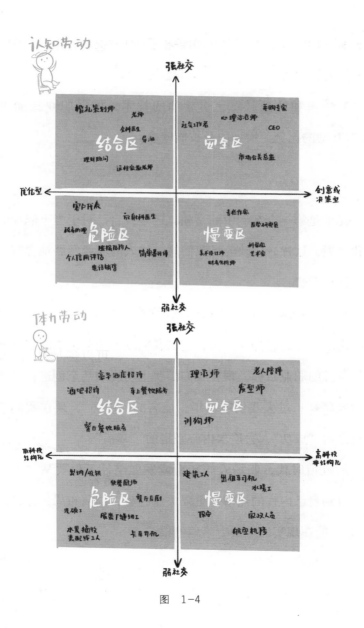

图　1-4

2. 利用知识社交，共创联盟相通领域的讲师圈子，组成梯队，扩大影响力。

3. 学习和认证教练、引导师的技术，增强职业技能里与"人"互动的比例，增加职业技能壁垒。

三、你需要用"转型思维"提前布局自己的职业生涯

无论是第一个案例中的秦朝，还是我自己对于当下职业的思考和计划，这背后反映的是我们这一代人的职业发展观念需要被迭代甚至重塑：

过去我们追求稳定和确定性，现在我们需要适应不确定性，在不确定中看到趋势和机会；过去我们按照企业提供的晋升通道规划自己的职业目标，现在我们需要主动规划甚至创造自己的职业发展路径；过去我们羡慕年少成名的"成功"，现在我们要定义自己的"成功"，去追求内心坚定的"幸福"。

后疫情时代，职场人的转型或发展路径不仅要从"心"出发，看到自己内在的热情，更要关注趋势，提前布局，让自己的"梦想"能在现实的土壤中落地生根。

具体如何才能实现这样的转变和提前布局，我会在接下来的篇章里结合我自己的经历给你提供一套行动指南，同时也帮你扫清每

一次变化和成长过程中的阻碍，这也是我写这本书非常重要的动力。

期待你能通过这本书的方法论找到自己思考和行动的抓手，在这个变化和不确定的时代找到自己的节奏。

第四节　EPIC 模型，转型之旅出发前的行动指南

先分享我自己的转型故事。

第一阶段

十年前，是我在第一家外企工作的第四年，我出现了职业倦怠，就在我的专业能力、岗位待遇逐步提升时，我发现自己的内心并不快乐，相比起推进业务部门的制度改进、流程优化，我对培训发展、个人成长有更多的好奇和激情，也更希望专注地投入到这些领域进行实践和研究。

我没有贸然地去找新工作，而是把自己的职业困惑和思考写成演讲稿在当时的头马演讲俱乐部讲了出来，听众里的一位朋友向我推荐了古典老师，然后，我去新精英学习了职业规划，才开启了我真实的职业兴趣探索之旅。在那里，通过日复一日的行动和无数个小步尝试，我一点点从学员成长为助教，再到讲师。

第二阶段

经过不断的探索、实践和沉淀，终于在 2018 年 6 月的一天

我向老板提出离职，决心成为一名独立培训师，当时遭到了她的质疑："你又不像别人有什么高管头衔，人家都是总裁、副总裁、总经理，至少也是个总监级别的。况且，你也不是什么大学教授、学者，会有人请你去讲课吗？"

难道只有企业高管和大学教授才能成为好讲师吗？带着这样的疑问，我决定亲自去找答案。

我利用朋友圈的人脉去国内知名的培训公司一一拜访，有的是去直接试讲，有的是去跟他们管师资的老师聊合作。

结果，我被他们问得最多的三个问题居然是这样的："廖老师，你最喜欢讲的课程是什么？""你觉得你最擅长讲的课是什么？""你觉得什么类型的客户会最喜欢你的课？"

我瞬间顿悟：原来，在培训公司，好的讲师既不是什么企业高管，也不是专家学者，而是清晰自己"兴趣、优势和价值"定位的讲师。

发现了这个秘密，我回去就开始整理。我喜欢讲的课是成长类、生涯类、软技能类，比起改变人的技能水平，我更喜欢去改变人的思维模式，而流程、制度、体系类的课程几乎不是我喜欢的；我的优势是洞察、启发、思考，加上十多年的企业人力资源背景，还有十多年在生涯圈实践的经历。我惊喜地发现，其实这样梳理下来，跟我有同样经历的老师并不多，我瞬间充满了自信和勇气。

越是浮躁的时代，越需要专注的行动，所以从作为独立培训师开始讲课的第一天起，我给自己定位就是："专注做好职业发展品类的课程，致力于帮助个人和组织在一个更高投入度、更强执行力和更具人性化的工作环境中成长"。这一点在我去谈客户的时候果然起到很大帮助，很多企业负责人说："我之所以选你是因为你专注于这类课程。"

第三阶段

我的培训师之旅想要长期走下去，内容就不能只停留在一个静态的点上，而是要形成一个价值流动的闭环，否则单一的结构是很脆弱的。

于是，我从企业离开的第二年开始梳理自己的系统。

我充分地调用自己已有的知识，在一个个主动性目标的指引下，去研究企业和个体的真实情境和实际问题，有针对性地寻找和搜集各种各样的资料，进行批判性阅读，同时总结自己的经验，最后，创造性地整合成一个系统。

例如，我就通过这样的思路，把我的知识输入输出、线上线下培训、B 端 C 端课程都整合起来，它们相互支撑、形成闭环，这样我的培训师之旅才能长期走下去（如图 1-5 所示）。

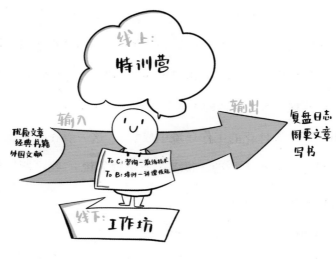

图　1-5

在此期间，我组建了自己的团队。利用人脉关系、价值思维，带着优势的视角和赋能的心态和合作伙伴交流，埋下一颗颗合作的种子。在这个过程中我遇到了很多欣赏和信赖的合作伙伴，一起开发产品、运营用户。

第四阶段

随着势能的不断扩大，主动找我合作的人越来越多，我也有了更多的展示平台，例如成为得到工作锦囊的专栏作者，文章被领英等平台转载，受邀到长江商学院讲课，在中国 ATD 大会进行分享，成为人力资源行业协会峰会的分享嘉宾……我开始精细化运营个人品牌，更加突出优势标签，更有品牌辨识度。

另外，我开始更系统地思考和布局产品矩阵、搭建运营团队，推动运营流程标准化，也在合作模式生态化方面进行更有深度的思考和布局。

当队伍越来越壮大，事情越做越多的时候，我反而开始用更多的时间来学习，并且影响身边的人，现在学习已经变成了我们的一种生活方式。我们团队每周五下午会抽出一个小时的时间，每个人会就本周的学习收获和感悟进行分享，在这个过程中大家相互学习、启发，碰撞出一些做产品和运营的新思路。

这些年，除了我自己不断转型迭代外，我也帮助和辅导很多职场人，启动他们的转型之旅。我发现共同困扰大家的一个问题就是：在转型的路上缺少一个清晰的抓手——能看到自己转型的进展和下一步的目标，于是一旦情绪或挫败出现，我们就容易陷入迷茫或停滞状态中。

所以，在自己经历过转型以及认真梳理了300多个转型案例之后，我总结出了在序言里提到的"EPIC模型"，我把这4个阶段的典型表现、情绪状态、认知误区、梳理工具和阶段重点整理出来，你可以在进入到后续阅读之前，先做一个自我检视，看看自己处于哪个阶段（见表1-1）。

表 1-1

转型阶段	探索	定位	融合	升级
典型表现	不知道到底要不要转型、转向哪里	不知道自己喜欢什么、擅长什么；不知道如何聚焦发力	行动力不足，提升缓慢	不知道如何在新的领域扩大势能、做到顶尖
情绪状态	职业倦怠、迷茫纠结	焦虑、拖延、恐惧	自我怀疑、浮躁	自我效能感低，力不从心、不得章法
认知误区	不清楚自己转型的内在动机和最终目标，只是利用转型逃避当前问题；试图寻找标准答案，期待确定下可行的清晰路径之后再行动，受不了反复，缺乏宽容精神和复原能力	以为定位是静态僵化的，一旦确定下来就不会再发生变化了；贪多求全，缺乏聚焦；以为找到优势就找到了捷径，低估了从优势到核心竞争力之间的距离	容易固守旧有工作模式，无法通过价值思维连接到新领域的有效人脉；无法将原有领域中的一些核心能力快速迁移到新领域	认为牛人才能有品牌，普通人不配做个人品牌；转型不是换个地方打工，而是一场"企业家精神"的修行
梳理工具	可能性与可行性探索表	把优势变为核心竞争力工具表	人脉资源列表	专家简历
阶段重点	明确转型动机，勇于小步试错，高效信息搜索	盘点内外资源，打造优势组合，不断迭代精进	修炼价值思维，构建人脉网络，快速迁移技能	优化个人品牌，整合资源机会，终身学习成长

接下来的章节，我会沿着"EPIC 模型"的演进，结合我自己持续转型和行动的经历以及对转型的理解，带着你识别这些关卡，为你提供锦囊和武器，助你一路打怪、升级、通关。

在阅读后面章节之前，你可以结合以下每个阶段的认知误区看看自己是否中招，如果有引起共鸣的地方，也可以跳至对应章节的内容寻找行动重点，不一定非要按照章节的顺序来推进。

1. 探索阶段的认知误区

不清楚自己转型的内在动机和最终目标，只是利用转型逃避当前问题。 对于一些人来说，转型不是在追而是在逃，例如，有人单纯地因为和老板／同事有冲突，或者因为某个特殊性事件就冲动离职，以为换个环境就会避免这样的问题。

试图寻找标准答案，期待确定可行的清晰路径之后再行动。 这类人想得很多，做得很少，他们可能会由于年龄、性别、家庭角色、身体健康状况、精力管理水平等出现一些限制性信念，认为一定要想得特别清楚才能行动。

期待一步到位，受不了反复，缺乏容错弹性和复原能力。 这类人对于职业转型有过高的期待和过快的要求，一旦遭遇挫败就可能会退回去，比如，有人会说"我给自己一年的时间，如果在新方向上做不出个名堂，我就老实地回到老本行，不再折腾了。"

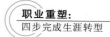

2. 定位阶段的认知误区

以为定位是静态僵化的，一旦确定下来就不会再发生变化了。定位其实是一个聚焦本质、不囿于形式的过程，实际上定位不是静止的状态，而是一种内在动机和外在需求和谐一致，不断循环影响、动态调整的过程。

贪多求全，缺乏聚焦。很多想要转型的伙伴都有一颗想要证明自己的心，通常在这种想要急切证明自己的心态下，我们就会设立一些不符合当前阶段的目标，但往往过高的目标如果没有被进一步拆分和实施，就会加剧我们的焦虑情绪，从而陷入一个恶性循环。主动聚焦是一种选择的能力。如果你没有足够聚焦当前最重要的事情，那么你就放弃了自己选择的权利，就会逐渐忘记了自己转型的初心。

以为找到优势就找到了捷径，低估了从优势到核心竞争力之间的距离。在定位阶段，我们经常会谈到一个词——优势，优势是努力方向的指南针，但找到了优势不代表就走了捷径，不代表就不用努力了，我们不仅要找到优势、利用优势，还要打造自己具有差异化价值的优势，并且不断强化、精进优势能力。

3. 融合阶段的认知误区

容易固守旧有工作模式。很多人忽略新角色、新环境的实际情况，继续沿用自己过去的策略和所长，而不是去开发新的能力去适应新的岗位和角色，这样就会很难快速适应"新土壤"。

无法通过价值思维连接到新领域的有效人脉。不少伙伴都期待能够遇到职场贵人，带自己加入新圈子、接触相关资源，但如果只想着碰运气，坐等他人介绍是不行的，我们要带着价值思维去主动创造连接、维持联系。

无法将原有领域中的一些核心能力快速迁移到新领域。很多人以为在新领域就是从 0 到 1，全部从头再来，其实过往的经历中沉淀下来的底层能力是相通的，我们需要把它们迁移到新领域中加以使用，快速上手。

4. 升级阶段的认知误区

认为牛人才能有品牌，普通人不配谈个人品牌。但真相是人人都应该建立品牌，未来是一个没有品牌就没有竞争力的时代。有的人可能还会认为某个领域都已经是红海了，哪还有机会做品牌。与其最好，不如不同，行动起来，每个细分领域都有一个明星机会。

转型不是换个地方打工，而是一场"企业家精神"的修行。把自己当成一家公司，充分调动自己和身边的资源，整合机会，不断保持学习精进的劲头，扩大影响力，活出最好的自己。

如果你踩中了以上一些误区，也不用担心害怕，这本书的价值就是告诉你如何走出这些误区的。

有一句话我很认同："所谓专家，就是在一个非常狭窄的领域内犯过所有可能犯的错误。"在职业转型这条路上，我走过弯路，也掉过坑，对即将要踏上这段旅程或者正在这条路上的你来说，我的使命就是——告诉你做什么、怎么做才能实现选准赛道、稳步转型、提高身价，活出最渴望的自己。

一起踏上属于自己的"英雄之旅"吧。

第二章

探索：如何从敢想到敢做

第一节　勇气可以被训练，两个方法让你获得突破的勇气

埃米尼亚·伊瓦拉在《转行》一书中写道："转行并非换个工作那么简单，本质上它是一个自我身份转变和认同的过程，是一个职业身份重新塑造、重新阐释的过程。"

在这个过程中，你可能会遇到很多挑战，这种挑战可能来自于内部的自我怀疑，也可能来自于外部的重重考验。所以你会看到不少人很难下定决心转型，或者尝试了一段时间之后很容易放弃。

那么在开启转型"英雄之旅"的时候，你最需要的是什么？你要找到专属于自己的转型勇气。

一、为什么说真正的转变需要勇气？

威廉·布瑞奇的《转变之书》中序言里有过一段关于"改变和转变"的区别：我们的社会总是混淆这两者，让我们以为转变不过是改变的另一种说法。但事实并非如此。改变是搬到一个新

城市或者换了一份新工作，是孩子的出生或者父亲的死亡，是从正在执行的旧健康计划换到新的，抑或是新上司走马上任，或公司刚完成的收购。

换句话说，改变是发生在环境中的，而转变则是发生在心理上的。转变并不是那些事情本身，而是你为了将这些改变整合到自己生活中所必须经历的心理再定向和自我再定义。没有转变，改变不过是家具的重排。转变不发生，改变就不会产生影响，因为改变本质上并没有"发生"。

其实，转型在本质上就是转变，我们很难通过一份工作或者头衔的变化，就实现内心的转变和自我的再定义。

真正的转变过程是一段"航程"，是从一个地方到另一个地方的旅行。

这个旅行中，我们需要在行动中去探索我们的兴趣、优势能力以及独特的价值观和使命，这个过程充满了反复、曲折和变化，就像是通过一条幽暗的隧道，看不到周边和尽头，你会内心恐惧，甚至还会徘徊；你需要更新对于事情和自我的看法，不断探索、行动、反思，才能真正下定决心和过去告别，摆脱内在的旧有模式，开启新的模式，而下定决心的过程就是激发勇气的过程。

我自己就经历过这个过程。我的一个职业身份是"个人成长布道者"。我确定这个职业身份用了很多年的时间。

2009 年，第一次接触头马演讲俱乐部，我开始对站在讲台上分享自己的观点产生兴趣；因此开始学习和精进演讲技能，在这个过程中我发现自己对于成长、改变等话题有着浓厚的兴趣。

后来，我了解到职业生涯规划师这个职业，发现有系统的方法论去拓展学习、传播成长理念，在帮助他人的同时修炼自己，于是有了进一步的精力投入。

等到站在讲台上给学员讲课、答疑解惑时，我才真正在内心中不断明确这个身份，也开始对自己从事的事情越来越热爱。

这个过程我用了十年的时间。

如果没有勇气相伴，我可能不会这样行稳致远。

那么，该如何获得转变过程中的勇气呢？

二、真正的勇气是一种可习得的思维技巧

英文单词里勇气（courage）源自于拉丁语的 cor，中文意思是"心"。有趣的是，真正的勇气并非心理感受，它是一种智性、一种思维技巧，勇气的获得要求人们利用人类独特的大脑皮层去思考和行动，从而夺取"爬虫脑（也叫原始脑）"对于我们自身的控制。

根据脑科学研究，我们人类的爬虫脑（俗称"原始脑"）在遇到事情时会发出危险信号，让我们选择逃跑和战斗，这是我们的老祖宗在原始社会用来自保的功能。但人类独有的新大脑皮层（也叫理性脑），具有高阶认知功能，它可以通过理性分析判断危险是否真实。

也就是说，当我们心有恐惧时，我们依然可以用理性的思考去决策和采取行动，而且越是学会在不畏恐惧的情形下行动，越能展现人类理性思考的伟大之处。

既然勇气是思维技巧，那么它就是可以被训练出来的。

转型离开企业这两年，经常有人问我："当初是什么给了你勇气，让你真正离开稳定的平台和公司，走上这样一条充满不确定的路。"

我很仔细地思考过这个问题，回想起"升级打怪"过程中突破恐惧的几个片段：

微信公众号平台刚推出时我想开通一个账号，但害怕自己做不好，犹豫观望了一年多，直到 2015 年拉着几个小伙伴一起申请了人生中第一个公众号，正式开始写作后，我对于"个人品牌"这件事的恐惧才放下很多。

原来我总以为自己只适合一对多沟通，一对一沟通咨询做不好，所以拿到咨询师证书后很长一段时间，我都没有开启咨询。直到有一天，我迈出了第一步，在"选对"的官方网站上写下了自己的话题，然后第一个来询者给我的认可反馈让我备受鼓舞。于是我对于一对一咨询的恐惧也开始放下，在不断行动中尝试创新。

离开组织后，我很担心没有了平台支持和稳定收入会影响生活，于是我组织了"抱团取暖"的培训师线下沙龙，慢慢发现这个职业真实的生态——只有持续输出才能获得客户的信任和支持；只有不断打磨产品才能获得真实的安全感。

这些经历告诉我，遇到从来没有做过且会有些挑战的事情，行动起来就会有反馈和思路。

训练勇气的过程有点像健身，你需要在面对恐惧时立刻采取行动，然后利用人类独有的智慧、逻辑、想象力和自由意志，去不断思考、反思，克服自身作为本能脑哺乳动作遗传的行为局限。

三、两个方法让你获得转变和突破的勇气

方法一：用"甜甜圈"练习思考具体的转变项。

"甜甜圈"原理是著名的管理哲学家查尔斯·汉迪提出来的，我在朱丹老师的一次分享上听到的，很受启发。

这里的"甜甜圈"指的是两个一大一小的同心圆：中间是核心部分，代表必须做的事情，是规定动作；包围着核心的外圈，

代表可以去尝试的事情，是自选动作。

如果用这个甜甜圈原理来看人生，核心部分就是人生必须完成的任务和必须履行的责任，比如完成学业、努力工作、结婚，以及承担起为人子女、为人父母等各种角色；外圈部分是属于个人的自由空间，这片空间让我们有机会在职责之外去充分发挥个人潜能，去追求梦想、使命和自我实现。

生活在传统社会的人核心大、外圈小，更安于现状，几乎没有发挥个性的空间；而生活在现代社会的人则拼命想扩大外圈，实现个体自由，但同时还是要承担为人子女、为人父母的角色，导致内外不能兼顾，陷入了内心的冲突和纠结。

查尔斯·汉迪的"甜甜圈"原理可以很好地帮助我们完成自我突破，开始思考转变，具体操作如下：

第一步，列出你人生的必修课和选修课。

以下是我的版本，见表 2-1：

表　2-1

必修课	选修课
赚到某某万	成为自由培训讲师 用生涯技术影响更多的人
陪伴孩子长大	为国内的企业提供针对性的赋能 课程 / 服务
照顾好家人	研究人类心智科学 原创一首钢琴曲

你可能会在列课题的过程中感觉费劲，这很正常，因为大部分人在自我认识和探索方面都是缺课状态的。我们的人生轨迹大都是按照必修课（外在评价系统）来学的，甚至还有一种根深蒂固的观念就是如果一个人没有完成必修课就不正常。所以一开始让你去想选修课有可能想不出来，我们可以通过以下的问题清单，来思考和拓展你想要去尝试的"选修课"（内在评价系统）。

你有哪些内心想尝试，但是一直没有勇气去做的事情？

什么原因让你不能做自己真正想做的事情？

你要怎么做才能突破这些障碍？

如果你突破了这些障碍，会有什么结果？

此刻有什么东西可以帮助你追求自己的热爱？

如果你竭尽全力去做让你充满热情的事情，哪些道路是你目前可选择的？

如果不顾一切的话，你最想做什么？

第二步，在你想做但从来没有做过的选修课里选择一件事，设定一个目标，从最小的目标行动起来。

举个例子，我其中一项选修课是原创一首钢琴曲，那我可以从先学会弹奏一首小曲子开始，从而克服内心的恐惧。一旦开始，你就会有两个收获：

首先，你会停止强化以往表现恐惧或回避的反应模式，让自己在未来更加勇敢、大胆，一旦开始后，你会发现其实没有想象的那么难，接下来你对于恐惧的感受将随着不断成长的勇敢表现而烟消云散。

其次，从大脑神经系统反应上来说，这样的思考和行动过程会弱化爬虫脑的控制力度，不断强化新皮层的控制力，让自己逐渐成为清醒自主的人。记住勇气是可以被训练出来的。

当你一旦下定决心要过什么生活，要达成的一个目标，把当下看得更有弹性，相信什么，什么就是你终点。

方法二：给自己找到一个角色，在角色下主动去做事。

我回忆了自己在职业生涯中两次转型的经历，然后发现真正推动我开始行动的是我拥有了"母亲"这个角色带来的驱动力。

早在 2010 年我就进入职业生涯的领域，但是实施转变的行动一直迈不开步子，还是陷在旧有的模式和工作节奏中。这个状态一直到 2014 年，我的大女儿出生，抱着她喂奶的时候，我突然用"母亲"这个角色开始了自我对话：

"舒祺，你想没想过有一天，这个小小的人儿长大会说话的时候问你'妈妈，你为什么会选择现在的工作'，你要如何跟她解释？"

那次内心对话之后，我开始了真正意义上的转变：访谈培训经理、制订学习计划、开启每日行动、记录内心变化和能量状态，才有了后面的故事。

这就是"角色"的力量，很多时候当你想要突破一件事情时，不妨给自己赋予一个角色，这个角色会让你进入新的场域，增加突破的勇气和行动的动力。

你可以用以下的尝试来给自己赋予角色：

作为"活动发起人"的角色。我自己决定做培训师时发现这个圈子的人虽然自由，但很孤独缺少交流圈子，于是我发起了"培训师抱团取暖"的线下沙龙活动。我开始策划邀请嘉宾、准备话题、撰写文案，被活动吸引来的人为我的事业转变奠定了基础。

跟尊敬的人或榜样一起做事。寻找领域里的榜样，通过近距离接触，或者补位做事来激发自己的责任感和行动力。我团队里的运营伙伴就是这样启动转变的，我们因为职业咨询结缘，后来她通过分析和解读我公众号的文章主动联系到我，希望能成为我们的内容运营官。这个角色让她产生了很强的责任感，倒逼她更加主动思考和行动，她自己的职业转变也在这个过程中自然地发生了。

用自己的优势在学习社群中找一个角色。我当年在头马演讲俱乐部学习时，俱乐部每半年都会选举出班委服务大家，大家根据自己的优势申请班委里的角色，比如：有人擅长维系关系，就做"首席会员官"；有人爱学习，就做"首席教育官"；有人善于综合管理，就做"秘书长"等。所以，给自己找一个成长社群，在相互陪伴的行动中形成自己的行动习惯，然后去推动转变发生。开始行动才能为自己找到突破和改变的勇气。

真正的勇气不是没有恐惧，而是我们能用行动判断出什么是比躲避恐惧更重要的事情，这些事情是否值得我们放下一切去做，只有这样，我们才能突破恐惧，收获新的人生。

第二节　三重盘点法，打开人生更多可能

茨威格在《人类的群星闪耀时》一书中写道："一个人生命中最大的幸运，莫过于在他年富力强的时候，发现了自己的使命。"

但现实却是很多人可能在遭遇了中年危机时，才猛然发现自己的人生选项和选择权如此局促。如果我们在职业发展初期缺乏充分的、有效的探索，到了职场中期或中后期就有很大概率会出现被动的局面。

职业转型，就是一次很好的能倒逼我们进行系统性探索的过程。

但一提起职业转型的探索，有的人在探索阶段卡了很多年，

在现有岗位上很难受，离开又很惶恐，一直没有实质性行动；有的人在探索阶段又太过仓促，以为找到了理想中的职业，其实只是跳进了另一个"坑"。

其实，在探索阶段，最为关键的是找到职业转型可能性和可行性的最佳交汇点。

先来谈谈可能性。

在转型咨询案例中，很多人谈起自己为什么想转型时，都会说到一句话："我看到那些老员工的状态，如果我继续待在这里，那么自己未来几十年的生活就能一眼看到头，这太可怕了。"

大家在害怕什么？大家害怕的是丧失职业可能性。

但现实中，大部分人都是带着局限性思维进行职业选择的，例如：

觉得自己在工作中遇到瓶颈，就想着要不要考研刷个学历、考证刷个资历或者出国留学镀个金；觉得自己没有职场核心竞争力，认为只要自己做得比别人更多——加班、冲业绩，就能换取晋升的机会；你的老板奇葩且不重用你，你想要离开，第一反应是投简历到同样行业的同样岗位，认为到了一家新的公司做自己最熟悉和擅长的工作，只要碰到一个好老板，自己就能迅速被提拔……

当我们从这些局限性中跳出来，去探索更多的职业可能性时，会发生什么？

我有一位学员，她在一家金融类公司做客服管理的工作，由于和新任直属领导的价值观、工作风格极度不合，想要离职，周围人很热心，但给她介绍的都是同类金融公司的后台运营、总经理助理等工作，有一些老员工还劝她不要瞎折腾，先忍忍，去读一个在职研究生，未来选择的机会面更大一些……

她跟我说："我当时很感谢这些主动给我介绍工作的同事和朋友，但内心中隐隐有一种不甘甚至是愤怒，难道自己只能做这些机械性、流程化的工作吗？他们觉得我没有能力去从事创造性的工作吗？"

于是她开始在业余时间看书，研究未来职业的发展趋势，她了解到"斜杠青年""组合式工作"等模式；周末她去周边各大高校听人文类、金融类、管理类等讲座，测试自己对哪类主题最感兴趣；平时在网上搜资料，从各大行业从业者的论坛了解他们真实的职业状态；还在招聘网站上查看新媒体编辑、财商培训师等和自己兴趣以及背景相关的工作……

后来她了解到"在行"这个平台，所以她就在上面找我做职业咨询。我给她梳理了思考和探索的方向，经过半年的调整和准备，她离职了，现在以一个半自由职业的身份做新媒体运营和文案写作工作，并在业余时间做投资理财的研究和实践，打造自己多元收入的职业状态。

她跟我说："其实想想很后怕，如果不是当初那位新任的领导给了我直接的刺激，自己很有可能还在企业里面'温水煮青蛙'很多年，根本不会去深度思考那份工作对我意味着什么，更不会去主动寻找自己既感兴趣又擅长又有价值和发展空间的职业，也不会意识到自己的职业选择还有这么丰富的可能性。"

这种外部的刺激可能是偶然的，但主动的探索确是需要我们经常提醒自己的。

我们大部分人都比自己想象得要封闭。

如果你只知道 ABC 这些种类的职业，那么你只会从这三个当中选择比较好的那个去努力达成；但如果你知道 ABC……XYZ 等多种职业，那么你就会有 26 个选项，从中权衡选出最适合、最可行的一个选项。

所以，探索阶段的第一步是打破思维当中的禁锢，保持开放性，多去了解和见识，主动创造人生选项。这个道理看上去显而易见，但很多人会身在局中而没有觉察，就像很多人在多年以后碰到一个自己心仪的职业，会痛心疾首地感慨为什么自己不趁早去了解一样。

对此,我总结了一套行之有效的打开可能性的探索方法——三重盘点法。

一、盘点存量选项

所谓的存量,是基于我们对自己的了解、对当前所知职业的了解进行一个系统的盘点和激活。

我们可以用"生涯四看"模型来系统分析(如图 2-1 所示)。

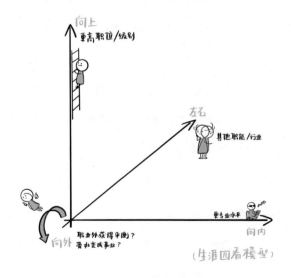

图　2-1

(模型来自新精英生涯)

"生涯四看"模型来自于职业锚的锥形理论,是从四个不同的维度对一个人的发展方向进行动态思考的工具。所谓四看，分别是指：向上看、向内看、左右看和向外看。用这个工具对发展方向进行扫描检视，有助于转型者从现状出发，充分盘点各种可能性，尽量避免遗漏。

第一看是"向上看"。向上看的发展路径意味着在企业里往更高的职位和级别走，比如从专员、到经理、到总监、再到副总，进入核心管理层。大部分公司的高管走的基本都是这个方向，这是我们最熟悉的传统的发展路径，也是绝大部分职场人一提到发展就会自然联想到的路径。

第二看是"向内看"。向内看的发展路径意味着在原有领域往深了走，成为专家型人才。比如都是职业生涯规划领域，有人会去做女性的生涯规划，有人会去做中学生生涯规划，我选择了职业转型的细分方向，这都是细分客户人群的结果。向内看的发展路径越往后自由度越高，但是专业路径的选择需要考验我们对这件事情本身的热爱程度，以及是否能坐得住，耐得住前期的寂寞和孤独。

第三看是"左右看"。左右看的发展路径通常指在不同岗位上变换，做出这个方向选择的人，往往更希望体验的是不同职业的精彩带来的成就和满足。比如以前做销售工作，现在想去助人，就去尝试 HR 或培训师的岗位；再比如说后台的客服做久了，去前端的销售市场试试等。

左右看的发展方向，好处是选择面多，对职场的适应性更好，做得好的话或许会成为跨界的创新者，就像给罗永浩做 PPT 的许岑老师，经常调侃自己是英语老师里做 PPT 最好的，做 PPT 领域里英文最好的。

第四看是"向外看"。选择这个方向的职场人发展目标很明确，他们解决了基本的经济需求之后，不太在乎职业内的发展，开始向外发展，比如很多体制内的人，因为上升通道窄，但岗位稳定福利又好，他们并不想换工作。于是他们开始把大量精力转移到家庭或者自身的兴趣发展上。

比如《明朝那些事儿》的作者当年明月，其实还是一名政府公务员，《好好学习》的作者成甲是一家景区设计公司的 CEO。

这个工具很好地吻合了我们探索的两个思路：

第一，你现在能做什么职业，从现有的资源和积累延展思考方向和机会。

第二，如果不做现在的职业，我想尝试新的领域是什么，跳出已有范围思考更广范围的机会。

拿人力资源这个职业来举例：

1. 用向上和向内的方式列出我能做的方向

向上：HR 主管、HR 经理、去小公司做 HR 总监、进入决策层、行政总监、董事、股东。

向内：人力资源某方面专家（劳动争议处理、法规咨询专家，招聘专家，培训专家等）。

2. 用左右和向外的方式列出我能做的方向

左右：到其他部门尝试，例如想尝试公司整体运营、销售、市场公关、内训师。

向外：人才分析师、培训师、咨询顾问、教练、职业生涯规划师、自由创业、学习心理咨询、拓展其他爱好，比如有一位 HR，他就是从平时关注财经新闻和分析投资产品的爱好出发去拓展新的职业方向。

二、开拓增量选项

"生涯四看"是基于现有的自我认识和职业认知，但开拓增量选项意味着你要对一些未知的选项保持开放性，主动去接触不同行业、职业的朋友来了解新事物，因为你的理想职业可能不在你现有的视野中。

举几个例子，我有一位朋友原来是一名技术工程师，在一家外企工作了 13 年，期间从来没有换过公司。几年前，他接触到话剧和即兴表演，被点燃了热情，后来开始做即兴技术的培训，现在开办了一家即兴话剧学院，推广话剧技术在组织中的应用。

还有一位朋友，毕业后加入一家煤矿公司，从一名普通技术人员做到了总经理助理，在工作第 7 年的时候，了解到现金流游戏和财商训练，从业余时间开始慢慢尝试，现在成为一名非常优秀的财商教练，在当地举办了几百场现金流游戏，带领越来越多的人提高财商。

再比如，我们团队中的一个伙伴，她是会计学专业毕业的，第一份工作是在证券公司，后来我们接触之后她才了解知识付费领域的线上运营岗位，很感兴趣，从兼职慢慢变成了全职，越来越有热情。

上面例子中的主人公，都有一个共同的特征，就是有开放的心态，能走出自己旧有的圈子，积极拥抱新事物，敢于尝试。心态没有打开，你就会对很多机会和可能性视而不见；心态打开了，你就会发现这个世界的丰富多彩。

在研读《2019 年生活服务业新职业人群报告》时，我发现里面提到的一些新职业，大部分人都没听过，例如：轰趴管家、密室剧本设计师、头皮养护师等。

为什么要去了解这些新职业呢？

分享一个数据，牛津大学人工智能研究所未来十年的职业发展进行研究，并对职业淘汰的概率做了排序，最终得出的结论是：未来十年，将有 47% 的工作可能面临消亡。

所以你在进行职业重新选择时，不一定要局限于一些传统的行业和岗位，而是用更加开放的心态和更加长远的眼光去选择那些更有发展潜力的岗位。

具体都有哪些新选项呢？

新选项一方面指新的工作模式，另一方面指新的职业岗位。

关于工作模式，《哈佛商业评论》杂志上发表了一篇文章，指出未来世界的四种工作模式（如图 2-2 所示）：

图 2-2

除了现有的工作模式外，分别还有极速化工作模式、新构想下的工作模式以及超级授权模式。

1. 极速化工作模式

这种模式是基于个人移动设备、云计算等更快、更好、更廉价的技术，为传统工作关系提供支持，简言之就是远程办公或在家工作，2020年初的疫情就加速了这种工作模式的普及。

2. 新构想下的工作模式

这一新的就业模式已经发展到平台、项目、特约演出，例如自由职业者、竞赛、合同工、服役和兼职等形式。

3. 超级授权模式

什么是超级授权模式，来看一个例子：IBM的内部系统允许招聘经理把工作解构为短周期事件，将那些事件发布给组织内部与外部人员，大家通过平台参与竞标、组队完成工作。所以，超级授权模式不会受到任何单一雇主的控制，并为职位和应聘者提供搜索定位，使得同一类的工作和劳动力可以互相配对。

除了新的工作模式，你也可以关注新的职业岗位，例如，2020年中国人力资源和社会保障部就发布了16个新职业：

（1）智能制造工程技术人员

（2）工业互联网工程技术人员

（3）虚拟现实工程技术人员

（4）连锁经营管理师

（5）供应链管理师

（6）网约配送员

（7）人工智能训练师

（8）电气电子产品环保检测员

（9）全媒体运营师

（10）健康照护师

（11）呼吸治疗师

（12）出生缺陷防控咨询师

（13）康复辅助技术咨询师

（14）无人机装调检修工

（15）铁路综合维修工

（16）装配式建筑施工员

新的时代必将催生新的经济、新的事物，从而催生新的工作模式和职业，在了解这些新的模式和岗位后，思考自己如何通过弹性的工作方式把自己的价值发挥到最大，从而创造出自己最理想的职业。所以，保持对新事物的好奇，思考从今天到未来，我们在哪些位置可以创造最大价值或是最大程度降低风险，这是在

转型探索阶段的重要内容。

在主动去了解这些未来趋势变化的过程中，我们会打碎自己固有的思维闭环，填补和延伸自己的认知结构，保持灵活性和机动性，以开放心态对待新事物。如果你愿意走出舒适区，接受新的挑战，你会发现很多令自己兴奋的事物。这个过程中能很好地锻炼我们的适应能力和接受变化的能力。

三、进行选项再造

有了以上的探索就够了吗？再给你支个招，从以上的选项中，进行组合创新。

举几个例子开开脑洞：

有一次在课堂上，老师让我们列出自己最想从事的职业，然后进行任意组合，结果有一位同学把教练和摄影结合起来，然后后来她就开创了一个新的职业：教练式摄影。

再比如，一位朋友跟我分享，她有一个做 HR 的朋友，去年 1 月去了一家互联网公司做产品经理，负责一款跟人才相关的 App。她一没业务背景，二没互联网背景，凭借强大的学习力迅速掌握了产品经理的要领。再次见到她时，她又去了一家创业公司做 HR 负责人，并且她说："现在我知道怎么带着做产品的思路来做 HR。所以确切地说，我现在不是 HR，而是人才产品经理。"

还有网上的一些例子，比如有一位退伍军人，用部队化的管理方式经营奶茶店，不仅质量口碑很好，现在有了遍布全国的分店，还解决了很多退伍军人的就业问题等。

把你盘点出来的选项进行排列组合，在自然选项之上再次创造出新的选项，能拓宽你的选择。

最后，我想强调一下，我们思维当中的"墙"并不是那么容易被拆除的。

不信我问你一个经典的面试问题："有什么事情是你很擅长但是再也不想做的？"很多人在被问到的时候都会愣一愣。

因为我们很少主动去思考这件事，大部分人的职业选择受到第一份工作的影响，导致以后的职业选择都会沿着这条赛道去思考，觉得做同类型的工作是一件理所当然的事情。但是，周围的环境只会给你提供那些既定事实的选项，而不会主动给你提供新的、未知的选项，职业可能性只能自己主动去探索和开拓。而理想的工作都是创造出来的，它不是被我们发现的，所以只有当你充分地探索了，你才能打开新世界，不断拓展自己的能力边界。

第三节　找到最佳交汇点，在转型探索中做出靠谱选择

在探索阶段需要打开可能性固然很重要，但这并不意味着"放飞自我"、毫无边界地做无序的尝试。

要记得，在职业转型探索阶段的关键是：找到职业转型可能性和可行性的最佳交汇点。

上一篇谈了职业的可能性，接下来说说可行性，虽然发散的选项很美好、令人兴奋，但只有适合自己的才是最好的，所以要进行可行性分析。

关于可行性，指的是我们去打开了解的过程并不是无穷无尽、天马行空的，要设立一些判断标准和条件，结合自己的目标、能力、资源进行可行性分析和选择，从而锁定在最佳可能性和最大可行性交汇处的那个选项。

对此，我也总结了三步流程：高效信息搜索，职业访谈和原型体验，自我思考判断。

为了帮助你更好地理解和践行这些方法，我结合学员威廉的例子，和你分享这套方法如何落地使用。

先介绍一下威廉的基本情况，他本科和硕士学习的都是机械工程及自动化专业。本科毕业后，因为学业表现优异，他获得了"优干保研"的资格，在完成学业并留校工作一段时间后，他还获得了去国家某部委挂职工作两年的机会。工作中，威廉喜欢研究公共政策，对人和具体问题感兴趣，所以他研究生毕业后没有选择从事专业对口的技术工作，而是选择留在母校的人事科工作，在人事科工作到第 6 年，就在他的工作看上去顺风顺水时，他开始思考自己长远的职业规划。他发现高校的环境虽好，但他总觉得这种"一眼看老"的发展模式让自己没有了奋斗的动力，于是开始寻求改变和突破。

因为没有方向，威廉选择了去读书，他的母校跟美国一所高校有一个合作项目，于是，他去美国进修了一年学习全球领导力。

一年后，威廉以十门课全 A+ 成绩结业回到国内，虽然出国的经历极大地拓展了他的视野和思维，但当面对国内就业环境以及自己仅有的"体制内"的工作经历时，他对自己接下来长期的职业发展方向充满困惑。

我们来看威廉是如何走出困惑的。

一、高效信息搜索

信息搜集和处理是门很严谨的学问，可以说我们在职场中做出的很多决策都是靠信息获取来决定的，决策的好坏短时间内很难评估,所以选择优质的信息入口就很重要。当下有一个专属信息时代职场人的词叫作"搜商"。

在确定具体的职业信息搜索内容前,建议先整理你的信息源,可以按照以下维度进行整理(见表2-2)。

表 2-2　信息源整理

维度	类型	内容
人	偶像	
	KOL	
	同事	
	同学 / 朋友	
	亲人	
	专家老师	
	其他	
新媒体	微信公众号(常看)	
	抖音	
	B 站	
	播客	
	豆瓣	
	微博	
	知乎	
	即刻	
	知识星球	
	其他	

（续）

维度	类型	内容
传统媒体	书籍	
	杂志	
	报纸	
	电视	
	广播	
	其他	
社群		
其他		

在明确信息源之后，就需要通过搜集各种信息来了解期待转型去的企业或行业的基本情况，从而印证自己相关的思考。

建议你按照需要了解的内容和具体途径来整理表格，我给你列了一些参考维度（见表2-3），在实际搜索的时候可以在此基础上进行丰富和优化。

表　2-3

了解什么	怎么了解
公司基本情况	天眼查、企查查
管理和人事情况	官网、年报
行业情况	分析报告
公司业务	官网、天眼查、微信
财务情况	官网、巨潮资讯网
战略规划	官网、微信、招聘网站
其他	微信、垂直媒体

另外，关于获取行业资讯的信息渠道我整理了一些途径放在本小节后面的附录中。

在进行充分的信息搜索之后，威廉锁定了教育行业和房地产行业，但是实际投递简历之后他发现房地产行业的机会很少，所以他打算聚焦教育行业并找一些符合自己期待的头部公司，然后进行下一步行动计划。

二、职业访谈和原型体验

我们通过信息搜集到的更多还是间接信息，这时可以用职业访谈和原型体验来做二次印证。

什么是职业访谈？

职业访谈是指跟目标职业的职场人士人谈话，从对方身上获取关于这个行业内的信息，比如准入条件、职业升迁路线、业内人士的生活情况、薪资情况以及行业发展趋势等。职业访谈可以让我们用最短的时间了解一个行业和岗位的真实必要的信息，帮你看清职业"艺术照"背后的真相，从而更加审慎地评估自己的能力和意愿。此外，职业访谈还可以帮助你扩大职业人际关系网等，如果做得好，甚至还可以把职业访谈转换成一次求职面试。

通常可以从以下这些问题来展开你的职业访谈：

1. 您每天的标准工作安排是怎样的？

2. 这一行业最辉煌的／最有成就感的／最有趣的地方是什么？（可以让对方列举一些案例、情景或数据）

3. 这一行业最无奈的／最大挑战的／最无趣的部分是什么？

4. 想进入这个行业，基本的学历、证书、技能等要求是什么？

5. 什么样的性格和能力对做好这份工作来讲是最重要的？

6. 在行业内，先从什么样的工作岗位做起能学到最多的知识，最有益于发展？

7. 我个人情况和该领域的匹配度怎样？您建议我做什么准备？您对我改善简历有哪些建议？

8. 您认为今后三到五年该行业的发展趋势如何？该公司前景如何？

9. 据您所知，通过什么样的书籍、网站、专栏、人脉能帮助我更深入地了解这个领域？

10. 根据今天的谈话，您认为我还应该跟谁交谈？能介绍几位吗？我约见他们时，可以提及您的名字吗？

当你按照这些问题访谈完目标的职业对象后，我还建议你根据访谈的问题给自己设计一个"原型体验清单"。

原型体验设计来自于《斯坦福大学人生设计课》，这本书的作者建议那些想要去探寻自己理想职业的人可以先跟自己感兴趣的人进行原型对话，对话的问题类似于上面提到的"职业访谈问题清单"。提问之后，你可以给自己列出一个"原型体验清单"对自己潜在的、感兴趣的未来进行"尝试"。

比如威廉当时希望我帮他连接一些教育行业的人脉进行访谈，我给他介绍了几个从事高等职业教育的朋友，他又自己去"在行"约见了几个行家，访谈之后，威廉就给自己制订了"原型体验清单"：去国内几家知名的职业生涯机构上认证课，系统学习知识，开始接一些咨询案例；给其中一位老师做课堂助手，并且在他的社群做分享，进一步认识圈子里的人；把这些体验过程中的感悟写成文字，发表在自媒体上，进行传播和连接，获得更多机会。

其实，制订职业访谈问题和原型体验清单并不难，但在实际操作过程中会有些卡点，所以我结合威廉的心得给你 3 个锦囊，让你能少走些弯路。

锦囊 1：心态上转变，以你为主，态度要真诚、活力而坚毅。

很多人以为职业访谈和原型体验是为了找工作，于是把自己的姿态放得很低，总想通过包装自己迎合对方，我个人不鼓励这样的做法。

现在的职场是企业渴求人才，人才为先的市场状态。很多企业已经从招人转换为到请人。所以我们的心态也要转换为寻求合作，要抱着"我查询信息，了解行业状态，设计体验是为了知道这个组织是不是我想要的"这样的心态，然后和对方处于平等的状态，你就会变得真诚、更有活力、更坚毅。

有了这样的心态，做访谈时也会更有自信，然后用一种利他、互动的状态来对话，这时就有可能会把访谈做成一次面试机会。我自己当时在转型时，去"在行"上约了几个咨询公司的行家，我跟他们访谈的过程中时不时地透露我过去 10 年在职业规划方面的积累，短短的时间内让对方除了给我分享外，我还让对方有了输入，所以后来这几个行家都向我抛出了橄榄枝，问我要不要加入他们公司。

威廉在跟我交谈时，提到他的成就事件，他跟我分享了自己带着一家人在美国自驾游一个月的经历，还展示了他精心设计的三十天行程的文档，让我看到了他的文字能力和逻辑能力，也因为这个原因我们有了后续更深入的交流和合作。

锦囊 2：多尝试，多探索，必要时请教专业人士。

访谈和原型体验清单设计往往会伴随着求职同时进行，这时我们要有一种"闯出去"的心态。尤其是对于那些之前只在一个相对安定舒适环境中的转型人更要如此。威廉跟我反馈，他一开始投了很多简历都没什么回应，后来他咨询了专业的求职顾问，顾问帮他分析了低成功率的原因，并且按照他投递的企业性质推荐了几个不同的投递渠道，威廉一下子就拿到很多面试机会，在疫情期间还成功拿到 6 个 offer。

尝试的过程也是对自己加深了解的过程，就算尝试了没有回应也是一种结果，第一，可能说明该企业效率低，HR 没时间看简历；其次，说明你的能力跟企业岗位不匹配，不是你能力不行。

锦囊 3：信息搜索不仅仅是拿回信息，更要把信息传播出去。

在咨询的过程中我发现威廉的文字功底很好，又喜欢攒局分享，我建议他在搜集信息和访谈的同时自己开设一个公众号进行积累和传播。果然后来这样的行为为他赢得了更多的展示和连接机会。

我们做信息搜索和职业访谈的目的是为了获得连接和体验的机会，以便能更好地转型到心仪的方向上去。知道自己有什么，如何展示给外界，才是我们获取信息的最终目的。

三、自我思考判断

通过前面两个步骤的行动，到了第三步就要进行方向的聚焦和筛选，从而展开进一步行动。筛选环节主要解决两个问题：

1. 如果定了基本方向，如何尽快采取行动

如果你看到自己想去的领域或岗位在市场上有成熟的路径和方法，那就结合我们说的信息搜索方法，找到该领域里的人或者专业猎头顾问快速推进和落地计划。

比如，之前有一个朋友，他做了 16 年的 HR 之后打算转型，而且想去一个全新的、自己感兴趣的行业。于是他通过学习和人物访谈接触到一个金融行业的榜样人物，也明确了自己转型的方向。他用半年的时间准备行业要求的从业资格考试，考试通过后，他告别了人力资源管理的职业生涯，正式成为一名私人财富管理顾问，全身心地投入到新的角色与事业中。

但如果你搜集一圈信息下来，发现自己要的职业状态在市面上没有太成熟的发展路径，那你可能要继续往下走，运用优势能力给自己做个性化的定位和组合，才能找到更加准确的行动路径。

比如，我有一个新闻专业出身的朋友，她因为不喜欢只用文字表现新闻的形式，于是从原来的公司离职，但是她在职业市场探索一圈并没有看到自己想要的岗位。于是，她一边靠做猎头赚钱，一边开始学习心理学，经过 5 年的积累，她终于探索出了一

条依靠自己独特优势来工作的方式。她一天中一半的时间留给自己喜欢的文字，给几家媒体供稿，写文章；一半时间给客户做心理咨询。尽管没有成熟的参考路径，她用自己独特的优势探索出了自己的品牌，做了一家独特的公司。

但这种没有清晰路径的探索在最开始往往是模糊的、痛苦的、脆弱的，只有在不断地和外界碰撞之后才会逐渐明晰、串点成线。路径不同，行动计划也不一样。

2. 探索到什么程度可以坚定地采取行动

经常有学员问我："有那么多方向和探索选项，有好几个我都想去尝试，但探索到什么程度我就可以坚定朝着一个方向出发了？"

这个问题要换个思路来看，不要纠结于到底探索到什么程度就可以勇敢出发了，而是"以终为始"，给自己设定一个清晰的目标任务再开始行动。

为什么要目标明确？因为目标不量化，过程就很难被规划，比如，有人说"我想尝试青少年优势教育"，你发现这个过程很难被规划，如果变成"这一个月我要找到 10 个 13~16 岁的学生，进行 10 次优势辅导"，过程一下子就可以被规划出来。

其次，给自己设置一个"行动反馈路径"，坚定前行有一个关键的要素就是自己的行动能够获得外界的反馈。比如，我一开始写文章，只要能收到读者的留言我就会更加有动力。所以，哪怕你采访了 3 个人，回来跟他人分享下你访谈的心得体会和下一步行动计划，也会对持续行动有很大的推动。

最后，很多人在探索阶段会担心自己面临的心理、经济压力等问题。我的建议是不妨给自己设定两个账户来进行量化管理。设定一个时间账户，记录自己每天花了几小时在转型的学习投入上；设定一个经济账户，计算自己每个月的固定开销，如果转型期间收入降低是否会影响生活质量。

在转型的探索阶段中我也推荐大家可以每天花几十分钟写写复盘日记，因为转型过程不易，很容易遇到挫折后产生波动甚至放弃，所以坚持复盘可以增加我们的内心力量。

我把转型探索阶段的 6 个步骤总结了一个表格（见表 2-4），你可以按照这个框架去进行有序有效的探索。

表　2-4

职业转型探索			
类型	步骤	项目	具体内容
可能性开拓	1. 盘点存量选项	向上看：在企业里往更高的职位和级别走	
		向内看：结合自己的兴趣、能力和价值观，走专家型路线	
		左右看：不同岗位的切换	
		向外看：自己了解到其他的外部可能性	

（续）

职业转型探索			
类型	步骤	项目	具体内容
可能性开拓	2. 开拓增量选项	新职业 1	
		新职业 2	
		新职业 3	
	3. 进行选项再造	组合 1	
		组合 2	
		组合 3	
可行性研究	4. 信息搜索验证	了解什么	
		了解渠道	
	5. 职业访谈和原型体验	职业访谈计划	
		原型体验计划	
	6. 自我反思判断	我的职业选择路径是	
		接下来我的行动计划是	

附录

获取行业资讯的信息渠道：

垂直媒体： 网易科技、虎嗅网、36 氪等。

行业协会： 中国保险行业协会、汽车工业协会、光伏行业协会等。

企业官网： 企业官网，是公司最官方的展示信息的地方，有很多关于业务规则、活动动态等资讯。

公司财报： 上市公司都会公布财报，可以根据一个公司的财报，判断基本的信息和趋势。

获取行业报告的网站：

企鹅智酷、腾讯大数据、阿里研究院：有海量免费的市场研究数据和报告。

普华永道中国—研究与洞察：各行业的报告。

易观智库：各行业数据报告，注册可试用。

艾瑞网：互联网行业报告，部分免费，偏向于互联网移动端的数据研究。

中国互联网络信息中心（CNNIC）：国家批准建立的机构，发布互联网行业研究报告。

199IT：中文互联网数据研究资讯中心，数据服务提供商。

友盟＋：第三方全域数据服务商。

赛诺互联网数据中心：智能机出货量的专业统计。

第四节 从敢想到敢做，实现真正的转变

很多想要转型的职场人经常会说："我一直在国企，家人朋友都不支持我跳槽。虽然我很想去其他性质的公司看看，但我自己也很恐惧。"尝试转型，尤其是跨行转变，不要以企业的环境和性质来限制自己，很多人对于"外面的世界"过于羡慕或者过于恐惧都源自于没有把握住职业发展的本质逻辑。

我先说说自己这些年的职业转变经历。

第一次转变

2007 年 7 月，我进入到中央电视台网络部工作，主管上司战冰老师。我们关系很好，工作之余经常一起吃饭聊天，工作一年后的一天，在饭桌上她突然停下手中的筷子问我："舒祺，你未来几年有什么打算？"那时太年轻，每天忙于应付手头的工作，哪想得到未来的规划。我老实地回答："没怎么想过未来。"她看着我，托着下巴说："以你的性格，应该去外企闯一闯。"

那天晚上回家，我在网上泡了一晚上，看到外企开出的工资待遇，我动心了……就这样，我在人人羡慕的"体制内"企业短暂待了一年多就转战到外资企业，开启了为期 10 年的外企职业生涯路。

后来我接触了职业生涯规划技术，对战冰老师也充满了感恩，她虽然没有学过职场教练技术，但却能洞察到我的性格特质并指明我更适合的职场土壤和方向。我直接、热情，有闯劲，但耐心不足的个性也非常明显，这些特质放在一个快速变化的环境中是优势，而在一个发展稳定，需要更多耐心的环境显然不是最适合的。

第二次转变

就这样我来到了外企，我在外企的职业生涯始于富士通研发中心，富士通是一家很厉害的日本公司。刚到外企时一切都很新鲜，环境、氛围、做事情的方式跟以前很不一样，我还记得一件小事，因为在人力资源部，有机会跟总经理山村先生汇报工作，第一次开会我很紧张，就问老板说："这个日本人的名字后面怎么加'总'会显得比较尊敬？"她听了哈哈大笑说："你直接称呼名字就好，我们都是直接称呼名字。"

在富士通我完成了真正意义上从"校园人"到"职场人"的过渡。我记得加入公司的第二年，除了负责招聘和培训工作外，我开始接手公司各种社保、公积金、残保金和其他员工福利相关项目的办理和对接。在一次次感受到基层公务人员的严厉后，我认真花了一周的时间研究各类事情办理的流程和常见问题，整理了一份管理手册，发给当时的领导后，她不仅在团队里写邮件表扬了我，还主动提供让我出去学习的机会……

这次经历让我明白：主动做事，为团队带来价值可以获得认可和更多的机会。这也形成了我日后职业生涯的基本处事原则。

这样充实的外企生涯一直持续到工作的第八年，就在我的专业能力、岗位待遇逐步提升时，我发现自己的内心有些不快乐，相比起推进业务部门的制度改进，流程控制，我对培训发展、个人成长有更多的好奇和激情，也更希望专注地投入到这些领域进

行实践和研究。

在筹备和努力了一年之后，我从人力资源综合岗位转到了更喜欢也更擅长的企业培训的方向。也就是这一年，我幸运地遇到了我的职场导师也是我的上级南希。我在新岗位上如鱼得水，我们一起推动了很多培训项目，在我的主动争取下，南希还让我开始在公司内部讲课，进一步修炼培训师的专业技能。同时，为了能够向专业讲师靠近，我还去学习了专业的培训师提升课程，跟这个领域的大师学习。

第三次转变

在内训师这条路上走得越久就越激发起我想全情投入的想法，当我跟南希沟通这个想法后，她鼓励我专注于手头的工作进行积累，同时有针对性地为将来做储备。于是我一边完成企业的项目任务一边利用业余时间去做个体的职业咨询，积累丰富的案例，也开了"舒祺聊职场"的公众号来增加专业上的输入和输出，扩大自己在职业生涯教练领域的影响力。

在能力优势和兴趣的撬动下，我未来的事业方向越来越明朗。平衡本职工作和业余积累对我来说越来越挑战，企业里有很多项目管理和流程的事情要处理，而我则渴望能更全情地投入职业规划和培训课程设计上。

就在我纠结于是否要离开组织独立做事时，我的二女儿出生了，看着她一天天长大，一种时不待我的紧迫感让我最终决定离开组织成为一名全职培训师。虽然没有做好万全的准备，我依然选择在 2018 年的 7 月离开我熟悉和依托了十多年的外企平台，成为一名独立的职业培训师和职业教练。

如果在此刻你问我，未来的职业之路打算怎么走，我的答案是："目前我专注员工个人成长、职业生涯规划方向的教学实践和理论研究，致力于帮助个人和组织在一个更高投入度、更强执行力和更具人性化的工作环境中成长，实现人才和组织的共赢。"

虽然方向清晰，但很多问题依然没有清晰的答案，我既憧憬未来又患得患失。但我从过去的转变经历中收获了几点关于如何看待"外面世界"和未来的视角。

一、突破"组织"的限制，回归到"理想工作"的本质，思考转变

一份真正理想的工作需要我们思考以下三个问题：

1. 我的优势能力和性格特质是什么

对于我来说，我喜欢帮助别人，相比处理实际项目和数据，我更喜欢和擅长的事情是思考、洞察、分享、影响等，这也是为什么我会从人力资源业务合作伙伴转到人才和培训方向，最后成

为独立的培训师。另外，我的性格特质：热情、直接、有闯劲、知行合一、思想开放等，也更符合我选择的职业方向。

2. 我在什么平台能更好地发挥自己的优势特长

了解了自己的优势，就需要找到能发挥和强化自身优势的平台，包括行业、企业、老板。例如我的优势特长是选择关注人、重视人才的企业和岗位会更适合，所以培训师、咨询师、教育行业从业者都可以，总之，靠专业影响他人的思想和行为的工作更能发挥我的优势特长。

在这些岗位上，不仅我的专业技能、职业背景能助力我所从事的职业，同时我自己也愿意以身作则来践行和分享，这又会进一步精进我的专业水平。

3. 我对于工作的预期回报是什么

我经常用一个公式来解释职业回报：**职业回报 = 金钱 + 发展空间 + 情感**。金钱指薪资待遇；发展空间指我们在一份工作中往上或长远发展的可能性；情感指我们在做一份工作时的心情状态。

很多人对于职业回报的期待是不合理的，他们渴望从事一份收入高于行业平均水平的工作，还希望团队气氛融洽。现实中每一份工作职业回报是相等的，如果你希望赚很多钱，那就承担发展空间可能会大起大落的风险。每一种职业选择的背后折射出的都是我们对于金钱和其他职业回报的认知。合理地看待每一份工作的回报可以平衡自己在选择中的纠结。

二、选择很重要，但选择后的行动才决定了转型的结果

很多想转型的人会很纠结于选择的得失而迈不开行动的步子。比如，他们会想："我想换工作，但现在单位是所在地区的顶尖企业了，转型后做得不好怎么办？""我现在年纪也不小了，市场好像只对年轻人友好，怎么办？"

从 2018 年 7 月离开外企，到 2018 年年底，短短 5 个月的时间里，我讲了 52 天的线下课，录了 2 门线上课，做了 80 多个个案咨询，组织了 7 场线下培训师聚会的活动，还写了 5 万多字的公众号文章。

整个 2019 年，我讲了 110 天线下课程，开发了 2 个特训营，做了 100 多个个案咨询，写了 20 多万字的文章……

过去的一年，总是有人不停地问我："同样是离开大企业的平台，成为自由职业者，为什么你成长得这么快，很多人出来好几年都没有找到方向？"答案很简单，就是坚持行动。

坦率说，坚持行动并不容易，这需要我们不断专注于自己的

目标，不断行动、沉淀，还需要能直面别人的质疑，坚守信念，只有这样才能一步步赢得未来。

我刚出来讲课时，有课程顾问给我反馈说："舒祺老师，你不太适合给国企客户讲课，他们喜欢那些气场强的男性讲师。"但一年行动下来，年底盘点客户数据时，我发现国企客户居然占到了我总客户的一半以上。这些客户听完我的课后还主动推荐给其他企业。

2019 年，我因为在讲课过程中发现了很多职场人欠缺一些职场核心素养和技能，于是做了一个"核心竞争力读书训练营"，训练营持续 10 个月时间，深度阅读和拆解经典书籍、做直播、写文章。很多人劝我，一个训练营持续这么长时间，赚钱少，还把自己累死。后来，我带着 100 多名热爱成长的伙伴持续精进地阅读、输出，依托这个训练营，我做了 27 场直播，输出 40 多篇文章，有很多企业的培训负责人因为看了文章找到我，邀请我去企业给他们的员工讲课。后来训练营沉淀下来的内容跟一家企业大学签约，开发成线上课程，去服务他们平台上 3000 多万名客户。

行动、反思得越多，我越发现，这个世界上其实没有所谓的正确答案和统一标准，很多事情，只能靠我们自己在实践中不断检验、不断校准。

而我也在成长和行动中，越来越关注于自己是否能变得更好，而不去太在意我在他人眼中的表现是怎样的。

理解工作的本质，思考和修炼自身优势，选择合适的平台或环境行动起来，才是我们脱离"舒适区"，奔向理想生活的根本，这就是我从敢想到敢做，实现内心转变的秘诀。

记住，美好的回忆是我们用行动创造出来的。

第五节　找到对标人物，开启转型行动第一步

很多转型的职场人在完成探索和信息搜集后都会面临一个问题，那就是无法快速聚焦和行动起来，但往往这时候又需要行动起来以获得外界反馈，只有这样才能让自己的转型方向越来越清晰。

如何走出这种困境？我给大家一个更有效的工具——对标人物法。

先说说我自己的故事。

当初我决定离开外企转型成为培训师时有过很多迷茫的时刻，虽然想做培训师但不知道自己未来授课的具体方向。一次偶然的机会，我翻看一本书，书名叫作《留住好员工》，作者是贝

弗利·凯，她是国际职业体系的创始人，获得过美国人才发展协会杰出贡献奖，也是国际上职业发展领域公认的思想领袖。她写的《晋升并不是唯一方式：重新思考职业流动性》一直是职业发展领域的经典作品，我当时就被她的思想魅力所折服。

2018 年，我专门去美国参加全球人才发展大会，听了她的演讲，并有幸和她本人交谈，深受启发。从此，我把贝弗利·凯作为我的榜样，并定下长期的愿景：未来 10 年，做国内的"贝弗利·凯"，致力于帮助个人和组织在更高投入度、更强执行力和更具人性化的工作环境中成长。

在整个转型期间，每当感到迷茫困惑的时候，我就会去读一读她的作品，然后想一想，如果是贝弗利·凯面临我现在这样的情况，她会怎么想，怎么做。

我一直有一个理念，Learning is connecting（学习即连接）。转型，其实可以看作是一个新的学习场景，在转型之前探索方向、定位自己的时候，通过这种找到外在榜样并想办法与之连接的方式，能够更加快速和清晰地明确自己的发展方向和具体做法。

一、你无法成为你不知道的人

在转型前的探索阶段开拓视野非常重要。因为在你现在已知的选项里，可能根本就没有适合你的正确答案。在探索阶段开拓视野，就是主动给自己创造更多选项，从而增加找到正确答案的可能性。

在探索阶段就自我封闭的人，之后所有的努力很有可能都是在一条错误的道路上挣扎，直到多年以后，偶然间碰到能够点燃自己的人或事，才痛惜不已，我怎么不早点遇上呢？

所以说，进行转型的探索不是闭门造车，当人处在一种模糊和不确定的探索地带时，是需要被唤醒和激活的。这种唤醒和激活需要通过外在具象的事件或人物来反射出来，所以我们越是在迷茫困顿的时候，越是需要走出去开拓视野、找寻可能性。

二、利用对标人物法实现转型突围

找对标人物这个方法来自管理界的"对标管理"，西方管理学界将对标管理与企业再造、战略联盟一起并称为 20 世纪 90 年代三大管理方法。

对标管理的内在逻辑是：你面对的问题，一定有其他人解决过。

在职业转型这件事情上，你不需要自己闷头苦想，而是直接出门去找到方案，结合自己的实际情况，解决自己的具体问题。

尤其是在你遇到瓶颈的时候，找到一个好的对标人物，远远比自己琢磨、去听课更有效。

如何找到并且向你的对标人物学习呢？

1. 找到对标人物

关于如何找到对标人物，一方面是跟书学，跟书学的过程，其实就是和这本书背后的聪明头脑和伟大的灵魂交流；另一方面，就是和厉害的人交流。

1）跟书学

著名管理学研究专家陈春花教授说："当我要做组织管理研究的时候，很有幸地遇到了德鲁克的《卓有成效的管理者》，这本书让我懂得两件事情：第一，只要是做管理者，你就必须卓有成效；第二，我学会了一种叫作'管理研究'的方法论，就是你要回到管理实践中来。"

在这本书的帮助下，陈春花教授不仅设立了自己的研究路径，还坚定地意识到一件事情，那就是："管理者不同于技术和资本，不可能依赖进口。中国发展的核心问题，是要培养一批卓有成效的管理者。他们应该是中国自己培养的管理者，他们熟悉并了解自己的国家和人民，并深深根植于中国的文化、社会和环境中。只有中国人才才能建设中国。"

陈春花不断地跟自己说："我必须成为一个像德鲁克这样的人，一个能够真正理解企业细微管理和整个问题解决方案的人。然后我也不断地问我自己，我到底能贡献什么？这个感召的过程非常有力量。"

当你在书中找到自己的精神偶像时，你就找到了自己渴望成为的样子。模仿他们的信念、习惯、方法会让你从最高方向和最佳状态来定义问题、思考路径，而不是困在种种不易察觉的限制性信念中。

2）跟人学

我有一位朋友，做了16年的人力资源工作，在转型前已经成为公司的高管，但内心产生了倦怠与疲惫，他打算进行职业转型，但是方向还不清晰。

在一次朋友组织的交流上，他认识了一位很成功的企业家江先生。江先生和他分享了自己的人生故事、事业、奋斗经历，虽然江先生现在事业很成功，但也经历过一天只喝得起一杯咖啡、吃一个面包的日子。江先生气场很强，但人很友善，在经历了事业和人生的大起大落之后，依然能够保持对生活积极乐观的心态，江先生的这种状态深深吸引和打动着我那位朋友，让他也想成为像江先生那样的人。

最终，江先生向他抛出了橄榄枝，他也明确了自己转型的方向。他用半年的时间准备了金融行业要求的基金从业资格证考试，在平衡好工作和考试之余，只要有时间他就学习新知识。最终考试通过后，他正式成了一名私人财富管理顾问。

从这个转型案例中可以看到榜样的力量有多重要，我们很多内在的渴望和激情，需要被外界很强大的、具有很高水平的人所唤醒，那些长期吸引你的人，就是你渴望成为的样子，想办法和这些人产生连接。

你可以选择加入行业协会、公益组织，并成为志愿者。在行业协会中可以积累很多同行业上下游的人脉，而在公益组织中可以拓展大量其他行业的人脉。

当有了进一步了解之后，你可以用前面章节中提到的职业访谈方式，多角度深入地了解那些你视为榜样的人。

2. 学习对标人物

巴菲特曾说："找到那些你崇拜和喜欢的人，清晰具体地写出你崇拜和喜欢的理由，然后再找到你厌恶和看不起的人，同样清晰具体地写出你厌恶和看不起的理由，不断重复这个练习，久而久之，你就会和你崇拜的人越来越像，而和厌恶的人越来越远。"

当你找到自己的对标人物后，可以通过资料查询了解他的人生经历和职业发展路径——他们曾面临过哪些重大事件，他们是如何解决和应对的，这种选择体现出他们怎样的价值观、内驱力和优势等。然后思考，在他的价值追求支配下，他是如何调配资源的，使用了何种策略达成目标的，他的日常行动路径又是怎样的。

例如，《思考致富》的作者拿破仑·希尔曾说："想让自己真正伟大，要做的最好的事情，就是通过感觉和行动，尽可能接近地模仿伟大者。"

他有9位"内阁成员"：爱默生、佩因、爱迪生、达尔文、林肯、伯班克、拿破仑、福特和卡内基。每天晚上快要睡觉前，他会闭上眼睛，想象这群人围着会议桌与他坐在一起，而他通过担任"会议主持人"来支配着这个群体，向他们咨询问题、接受教诲。他将自己的性格托付给这些英雄来加以重塑。

模仿自己的偶像能让我们跳出局限看待自己，看到更多的可能性，从而激发更多的尝试和行动。

多问问自己："如果是你的偶像遇到你现在面对的事情，他会怎么想？会怎么做？"

三、找到对标人物之后的持续行动

寻找对标人物不是为了一直模仿别人，而是为了更好地成为

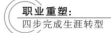

自己。

曾经有一位学员在一家央企从事人力资源管理的工作。他把我当成他的对标人物，我的每篇文章他基本都看过、训练营也基本都参加。他为自己制定的职业目标是：人才发展（学习发展）专家。

在分析完我的职业发展路径之后，他给自己列出了行动计划：

1. 完善知识结构。学习人才盘点、人才梯队建设、人才体系搭建、人才评价与测评、知识管理、学习型组织建设等方面的书籍和典型经验。

2. 持续深入研究。结合工作实际，首先在人才体系搭建、人才发展通道方面加强研究，制定有关方案或管理制度。

3. 努力推动实践。加强与领导、各部门和重点人群的调研沟通，组织做好宣贯解读，推动新体系落地运行。

我经常能收到他发来的成长变化的分享，他得到晋升之后，立即来跟我分享他的成长喜悦和感谢：

"舒祺老师，我今天怀着激动的心情向您报喜，近期经过公司严格的干部考察程序和公司会议决策，我被聘为总部人力资源部副主任，成了厅级央企中一名年轻的副处级中层干部，要知道这在已经有 70 多年历史的央企中非常不容易。在此衷心感谢您一直以来对我的指导和帮助，特别是通过阅读您的文章、课程，通过将所学知识和工作实践相结合，明显地提升了我的思考能力和工作效率，通过梳理价值思维让自己的影响力不断扩大，得到了更多的信任，积累了很好的职场口碑，为下一步推动和开展工作打下了良好的基础。未来，我还会一如既往地关注并向您学习。"

转型的过程中，你要相信，你面对的问题，一定有其他人解决过。通过跟书学、跟人学的方式，找到你的对标人物。通过分析对方的经历、优势、内驱力等，来找到自己选择和行动的指引。并在学习对标人物之后，联系自己的实际工作生活，不断调整和优化，最终成为更好的自己。

第一节　内在支点和外在卖点的交点，才是最佳定位点

2020 年，我在国内知识付费平台"得到"做了一场主题是"重启工作"的分享，分享结束后，不少学员提问："老师，我觉得自己不适合现在的工作，怎么才能找到适合自己的好工作？"

这也是我在辅导很多转型学员时，大家经常碰到的问题，在面对职业转型时，因为知道转型要付出高昂的时间和精力成本，所以很想借助专业视角定一个适合自己的方向或赛道，减少试错成本，不盲目折腾。这种想法是好的，但真的想把折腾的成本降到最低，需要知道什么是真正的职业定位。

一、真正的定位不是定下来

社会学有一个叫"奥德赛时期"的概念，是指一个人从学校毕业，到进入稳定的工作和个人家庭之间的阶段。这个阶段往往要经过一段长长的反复、不确定的探索与漂泊，就好像在海上

漂泊 10 年的奥德赛一样，他见过各种人，打了很多仗，短暂地停留又离开，最终找到自己的国，确定这里就是他要一生建设的地方。

这跟人的成长过程很像，人生必然要经历一段不确定不稳定的状态。通过经历这样的自我探索，才能实现内心的确定，真正地找到内在的平衡和坚定，所以转型中的"定下来"其实是一个持续性的过程，而不是一次性的选择。

在这样持续的探索中，我们所谓的"定位"其实是一种阶段性的聚焦策略，就是你在某段时间内，集中地把资源用在什么事情上面、和什么样的人在一起、选择怎样的环境、努力成为一个什么样的人。在这个过程中，我们需要不断了解自身的特质、资源以及外部世界的规律，才能利用自身资源做出高概率、符合规律的动作，让结果朝着自己想要的方向一步步靠近。

既然定位不是定下来的，那我们该怎样把握住阶段性的聚焦去行动呢？

阶段性聚焦其实是一种内在需求和外在需求和谐一致、不断循环影响的过程。内在需求和外在需求这两个维度不断相互影响决定了我们做什么，不做什么，是否坚持做还是停止做。内在需求包括"我想做的"和"我能做的"，外在需求主要考虑什么是他人需要的（如图 3-1 所示）。

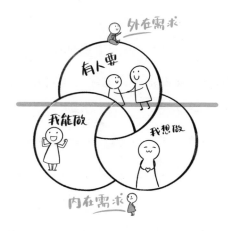

图　3-1

二、内在支点和外在卖点的交点，才是最佳定位点

为什么定位阶段既需要考虑内在需求，又要考虑外在需求？

1. 如果缺失内在支点，发展会后劲不足

我之前辅导过一个客户，性格外向能歌善舞，在当地一个大专院校学习广播专业，毕业后进入当地电视台工作。后来，她凭着自己的努力考上北京的名校读研究生，在校期间因为学业优异还争取到出国交换的机会，毕业后如愿以偿地进入到世界 500 强的大公司。按理说，这样的奋斗经历已经很励志了，但她却告诉

我，每当这些短期的目标达成后，她就会陷入新的迷茫中不知道该往哪个方向努力。

我问她："你做每一次选择的依据是什么？"她说："没怎么想过，就是大家说这样做很好，但你真要问我，好像也说不出这些事情到底有什么意义。"

很多职场人虽然生活在今天这样一个多元化的时代，但思维方式还沿用父辈的思维认知和习惯，几乎从不思考自己的人生意义和目的，对于人生和职业方向的选择依然是随大流和跟风。

国内知名教育学者钱志龙老师在他的"学者钱志龙"的公众号里发过一篇文章给自己招学徒，发出招聘启事之后，他收到了200多人的咨询报名，最后收到了56份完整的申请，他看完这些申请材料，发现提交材料的年轻人普遍缺失以下几种特质：

真正的成就。很多人除了考试啥也不会，除了读书啥兴趣也没有，更别说取得过什么成就。

真正的挫败。除了按部就班地完成家长、学校给他们定的目标和任务，大部分人连尝试和探索的机会都没有，更别说什么失败经验，以及如何面对挫折的学习和经历了。

真正的思考。很多人都是跟着别人一起做决策，一起考大学，大学毕业找不到好工作再一起考研，但从来没有停下来想一想："我为什么要这么做？自己到底想要什么？"

对于这几点我很有共鸣，这些年无论是克服自身的成长局限，还是去辅导职场人，我发现很多时候我们太习惯于完成任务，做出结果证明给别人看，但很少思考做这件事的目的、意义究竟是什么。对于我们在做事过程中产生的思考和觉察也很少关注，比如："我喜欢什么？擅长什么？我想做什么？到底为什么要做这些？"而这些才是对于成长真正重要的问题。

正因为我们从来没有停下来思考，所以真正在需要做选择的时候，除了从众，或者希望在高手那里拿到一个简单快速的正确答案外，就没有别的办法了。但现实的残酷是，如果这些真正重要的问题没有想清楚，别人给你的答案几乎是不适合的，只能不停在原地打转。

著名的职业咨询顾问迪克·博尔斯说过："大多数的求职者找不到梦想中的工作，原因不是他们缺乏工作信息，而是缺乏对自己的了解。"

我们的人生在我们清楚了自己的意愿和能力之后才真正开始。

2. 如果缺乏外在卖点，就会导致难以为继

职业不是一场自嗨，在职业方向的选择上，除了要符合我们

内在需求、自身特质外，还要考虑市场需求和行业趋势。满足内在诉求的同时去思考，什么样的用户、什么样的职业岗位环境能让自己的特质和能力得到最大程度的发挥。

我辅导的很多客户之所以在转型的路上中途放弃，不是因为他们内在需求思考不足，而是因为行动后缺乏及时的反馈和价值回报导致难以为继。

如何才能更好地思考你的卖点呢？

分享一个简单的填空题，你可以试着在句子的空白处填上你的答案：

我能为＿＿＿＿＿＿＿（我的客户），提供＿＿＿＿＿＿＿（服务），＿＿＿＿＿＿＿（带来贡献／影响／价值）。

对我而言，因为我既提供职场人个体服务，也给企业组织提供服务，所以我可以写两个版本：

个体版：我能为面临职业发展困惑的职场人，提供职业咨询／指导的服务，助力他们的成长。

企业版：我能为想要激活人才内驱力，帮助人才快速成长的企业，提供课程及教练的服务，助力企业实现个体和企业共同发展。

你可以试着完成这样一句话来思考自己的"卖点"。

思考自身卖点还需要跳出自己的定位和品牌关注时代和行业的趋势，从而把自己的能力优势搭在时代发展趋势这条"线"上。比如，我离开组织，把自己定位为"职场软技能类"的培训师，这是自身的定位和品牌，但是这个定位要依靠人才管理趋势这条线释放出来的空间，才能获得更好的反馈和快速的成长。

我决定从企业离开变成独立的商业培训师，除了愿景和使命驱动外，我能明显感觉这几年企业在治理结构、人才管理和培养方式上发生的趋势和变化。比如，结构上越来越扁平，稳定的结构开始变成进化型、生态型的结构。员工越来越不好管理，传统激励开始失效，每个人的心理压力越来越重，这从另一个侧面就释放出咨询、教练、赋能课程的需求空间。果然如我的判断，这两年我在讲授"职业生涯规划课程"时，有很多资深的培训师专程跑来学习职业生涯规划课程，理由是企业向他们采购这门课程而他们没有系统学过，因为客户要求才去学习，其实就已经比趋势晚一步了。

对于普通职场人来说，每一个"点"是我们下意识的选择，因为有确定性，而且一眼能看见，而"线"的周期长，有时因为没有当下即时的收入，所以经常被忽略。

但是如果要保持思考自身职业的价值性，我们就需要经常问自己："这个行业和领域的客户人群正在发生什么变化，我该如何提前准备？"

三、升级版的内在需求和外在需求的交汇

关于内在需求和外在需求的交集结合，五分钟商学院主理人刘润老师有一个更加升级版的思考。

他说一个人思考转型或创业方向时要考虑三个角度：

1. 什么是未来最需要的。

2. 什么是我擅长的。

3. 什么是别人不会的。

你可以画一张三列的表格，把这些内容写下来，然后，寻找同类项。

如果这三个角度正好有同类项，恭喜你，你是幸福的。如果没有，就要做个取舍了。

而做这件事情的核心是第 2 项——"我擅长的"的丰富性，因为当你会 20 件事情时，匹配第一项"未来最需要的"概率就大多了。

刘润用自己举了个例子：

我能写（初中写过两本小说，高中写过一本诗集，2003 年开始写博客，坚持了十几年）；我能讲（大学参加辩论赛，是南京大学最佳辩手，2002 年就讲过"项目管理"课程，曾给微软员工和全国各地软件园讲课）；我能想（初中就自学了大学《形式逻辑》的教材，本科在南京大学数学系接受过极其残酷的逻辑训练，前几年在微软做技术）。

这些能力与趋势去匹配，适合的职业显然是咨询和培训。

创业和转型之初，你只有一个人，所以相当于你是在雇用过去二十年的自己。如果过去二十年你只有一种能力，你就相当于雇了一个人。如果过去二十年你足够努力，不断挑战自己的新边界，你就相当于和二十个自己，一起创业。找准趋势，专注于创造价值，而不是创造财富，永远不要与时代作对。

关于刘润老师的这张表格和做法，大家也可以填写试试，或许会有不一样的感受。

转型的定位过程就是一个不断向内成长、向外成就的过程，两者循环往复，向上生成，形成了我们的"定位"。所以，去不断思考和探索自己的内在支点和外在卖点，找到最佳发力区，这是我们转型路上至关重要的一步。

第二节　兴趣探索，三步锁定你想做的事情

几乎所有想转型的人都期待自己能够华丽转身，那到底什么才是成功的职业状态呢？

如果要给所有我见过的职场成功人士找一个共同特点的话，我觉得就是：他们在工作中都是充满激情，能量十足，对于自己从事的工作都有一种深深的喜爱和满足感，也愿意随时跟你谈论他们的工作。

这种状态就是一个人的职业满足了自己深层次兴趣的状态。

一、什么是兴趣

一提到"兴趣"，很多人充满了困惑，比如他们会说："我从小到大都是按部就班地上学、工作，不知道自己有什么兴趣。"还有一些人会说："我能模糊说出自己喜欢做什么，但不知道怎么把这种兴趣当作职业，兴趣到底是什么？"

兴趣是指那些能吸引你注意、好奇或者引起你关注的事情。比如，如果一个人对人际关系感兴趣，可能平时会喜欢帮助别人解决问题；如果你对分析数据感兴趣，你可能更愿意花时间去统计那些自己喜欢球队的积分情况。我有个朋友，他业余几乎所有的时间都用来关注和分析对比全球各个航空公司的政策和优惠活动，所以他总能用最低的价格淘到最便宜的头等舱机票，周围朋友有这方面的需求也都会问他。

霍兰德（John Holland）是美国著名的心理学教授，也是著名的职业指导专家，他研究提出了 6 种常见的职业兴趣类型，分别是现实型、研究型、艺术型、社会型、企业型和常规型，并提取了这 6 种职业兴趣类型的关键词。

1. 现实型（R 型）：技能操作

这个类型的人通常务实、安静，喜欢从事体验感强、动手操作的职业。所以现实型的代表职业有工程师、程序员、机械师、厨子、运动员等。

2. 研究型（I）：思考概念

研究型的人崇尚智慧，喜欢研究和思考抽象的问题，他们喜欢研究事物背后的本质规律，喜欢针对抽象观点进行思考和辩论。所以研究型的代表职业有研究人员、科学家、技术研究者等。

3. 艺术型（A）：自由创造

艺术型的人敏感、富有想象力，喜欢从事创意和表达相关的事情，经常变化、充满新鲜的职业对艺术型的人非常有吸引力。

所以艺术型的代表职业有设计师、编辑、作家、音乐家、摄影师、漫画家等。

4. 社会型（S）：人际交往

社会型的人对人感兴趣，喜欢从事与人打交道的事情，有很强的同理心，他们热衷于待人接物，喜欢指导人，帮助他人创造成果。所以社会型的代表职业有老师、社会工作者、医生、辅导员等。

5. 企业型（E）：影响控制

企业型的人在职业里追求权力、地位和影响力，对成功和成就抱有不懈追求，他们不甘平庸，非常希望成就一番事业。所以企业型的代表职业有销售、管理和创业人员。

6. 常规型（C）：流程规则

常规型的人喜欢数字、擅长流程和结构化的执行，以稳定和安全为导向。常规型的人会认为数据和数字是理清商业解决方案的最佳方法。所以常规型的代表职业有文字责编、会计师、银行家、税务员等。

霍兰德的6种职业兴趣类型可以作为你选择自己未来探索职业方向的参考。

后人在霍兰德研究的基础上提出了一个"职业世界地图"来

帮助我们更好地实现职业定位（如图 3-2 所示）。

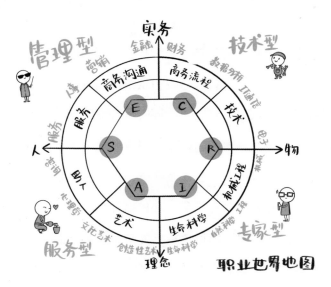

图 3-2

"职业世界地图"有两条坐标轴，横轴代表人和物，人是指
工作任务需要与人接触，经常需要沟通才能完成，比如营销、人
事等岗位；物是指工作任务需要与事物、数据打交道，比如财
务、数据分析等岗位。

纵轴代表实务和理念，实务是指那些数据型结果的工作，通
常是可衡量的、有明显规则的，比如财务、销售等岗位；理念是
指工作任务比较抽象，很难量化，有多元标准，更具创意。比如
文学、艺术创作等岗位。

按照这两个维度，我们把工作领域分成四种类型：

管理型：喜欢明确量化的指标，以及跟人打交道。

技术型：数据导向，喜欢跟物打交道。

专家型：喜欢跟物打交道，但从事的是理念传播的工作。

服务型：喜欢跟人打交道，同时偏理念型的工作。

看明白职业世界地图的模型，很多职场人就会知道为什么平时自己在工作中做得不开心，而希望去探索新的职业方向。

比如，很多人明明对于研究和传播理念的事情很感兴趣，却偏偏从事着需要非常明确量化指标的事情。我之前辅导了一个学员，毕业后在一家跨国公司做"采购"，采购是典型的有量化指标的工作。而她平时的兴趣爱好是喜欢看科幻小说，听教授讲前沿的新事物，总被一些新奇的观点打动，也喜欢演讲和文学艺术。所以她在工作中总是觉得自己不满足，希望有机会去从事一些更能激发自己热情的工作。当我给她讲完这个职业世界地图时，她豁然开朗，给自己列了接下来的职业目标和方向。

二、如何用兴趣探索锁定你的新领域

先说一个关于职业兴趣的真相："职业兴趣不是找出来的，而是培养出来的。"

很多职场人了解了兴趣类型后，都渴望通过"找到兴趣"来实现"专注又热爱"的职业状态，这只是美好的幻想。著名的心理学家卡罗尔·德韦克（Carol S.Dweck）为此还做过一项实验：研究者先给学生们看一个非常有趣的黑洞科普视频，绝大多数学生都为之着迷。然后研究者让学生读一篇很难的黑洞科学文章，于是学生对黑洞刚刚燃起的兴趣迅速下降了，而下降得最多的就是那些特别相信"寻找兴趣"的人。

职业兴趣的获得其实是这样一个循环过程：首先，你感觉某个领域有意思，认为自己能有所作为，想去尝试；然后，你投入时间和精力，提升能力，遇到挑战，获得反馈和价值；于是，你有了更大的动力继续投入，能力再提升，价值回报更大；最后，你用自己持续的行动和思考慢慢塑造你的兴趣和未来。

如何结合自己的兴趣来探索转型的新领域呢？我有三点建议：

1. 建一个平台，用"培养专家"的方式来探索新领域

很多人对于"专家"这个概念还停留在传统的教授、学者的认知层面，未来的职场是一个"人人都是专家"的时代，一个人如果能非常好地回答出自己所在领域的实际问题，就是他所在领域的专家。

我在辅导转型学员时，经常会问他们一个需要深度思考的问题："你是谁？你可以向这个世界提供些什么"？

而回答这个问题的方式不是简单说说，而是建一个平台，在自我介绍里详细解释"你是谁""你能为大家提供什么"。很多职场人从来没有思考过这个问题。一个想要立足未来发展，获得职业掌控感的人一定要能清楚地回答你能为这个世界展示的东西，你希望他人看到什么样子的你，就把自己描述成那个样子。

所以，如果想要转型但短时间找不到合适的发展方向，不妨现在就开始着手准备"专家之路"，有几个简单的动作可以帮你开启职业热情探索之路。

（1）建一个输出窗口。文字输出有微信公众号、简书、头条号以及得到的"知识城邦"等；音频输出有喜马拉雅、千聊、荔枝等。

（2）总结问题和套路。兴趣是那些让我们不会感到厌烦的事，回想别人经常向你请教哪些问题，针对这些问题总结提炼方法论。你可以用一个月的时间，总结提炼出本领域的三大常见问题，每个问题写出三条方法，每条方法打造出一个金句等。

（3）和你的"读者"聊天。用户视角往往能破局很多困境，你可以向你的读者做调研并寻求反馈，也可以主动找这个领域的优秀者进行职业访谈。

数字化时代，职场最大的特征就是竞争和不确定性。因为你面对的是整个市场的竞争，所以成为自己热爱和擅长领域的专家，让自己拥有不依赖于平台、独立工作的能力，这是未来职场的必然走向。

2. 参加学习或社群活动，开阔视野找到自己的新方向

变化的时代，选择一个发展前景广阔的行业，重新学习，从头开始做，未必是一件风险很大的事。

我有一位朋友，之前在企业里面做了十六年的人力资源工作，通过业余积累和观察，他发现自己对金融领域很感兴趣。有一次，他应朋友邀请去参加一个交流活动，在活动上他被一个分享嘉宾的演讲课程深深地吸引，活动结束后他找到这位老师沟通，结果两人一见如故，这位老师也成为他在转型路上的引路人。后来他花了半年时间考取从业资格证书，业余时间都用来和金融圈的朋友学习请教，一年后成功转型进入金融行业，成为一名私人财富管理顾问。

3. 设置岗位上的挑战任务，找到职业里的新兴趣

转型的兴趣方向有时未必需要离开原有的岗位。

讲一个真实的案例，小 A 就职于一家大型企业的人力资源

部门，负责员工关系工作，做了快三年时间，找不到自己的兴趣，虽然公司的仲裁案件不少，但是自己在劳动法方面的专业知识不是很强，平时没什么机会接触更多的案子，工作很快进入了倦怠期。

就在这时，公司突然发生了一起紧急的事件：一名员工工作中突发脑溢血，当场死亡，员工家属异常愤怒，找到公司谈判，领导决定把这个任务交给小A来负责。于是小A在与死者家属协商过程中不断查询法律规定，咨询劳动局专家、律师等，那段时间他成长很迅速，最终公司跟员工家属以比较理想的赔偿金额达成一致，领导和死者家属都很满意。

在处理这个事件过程中，小A看到了专业性在工作中的价值。后来，他把这次案件处理中的学习心得写成了一份课件分享出来，很多有类似问题的人都来咨询他，这给他带来了很大的成就感。于是他开始投入更多的时间学习劳动法知识，一次我们交流时，他告诉我他将来要做一名劳动法方面的专家。很多职场人遇到职业倦怠就想彻底转行，其实先梳理现在的工作，去挖掘和设置一些挑战性的任务，在解决问题的过程中找到自己所在岗位的价值点或许是个更好的探索方法。

不管是建一个平台用"培养专家"的方式来探索新领域，还是参加学习或社群活动开阔视野找到自己的新方向，或者设置岗位上的挑战任务找到职业里的新兴趣，都是值得我们花时间去做的事情，是我们在转型路上的最佳礼物。

热爱是精通的副产品，而这是可以培养的。

第三节　价值锚定，如何做出无悔于心的职业选择

每年的 1 月 1 日是新精英生涯的"做自己节"，这一天我们会邀请那些在生活中勇敢"做自己"的人来分享他们的故事。之所以放在新年的第一天，是希望在新年伊始，把这个美好的日子留给自己，把这一年属于自己的时间全占上去制订计划和实现梦想，才能真正设计、把控和创造自己的人生。

我辅导了很多转型的客户也跟我说，之所以想转变赛道，换到更感兴趣、更理想的职业也是因为想"做自己"，就想看看这一辈子还有没有其他的可能性。

"做自己"是一个很美好的词，很多人都渴望做自己，活出自己，按照自己的意愿过一生。但什么是真正的做自己？

在我来看，做自己就是清晰自己的价值观，并用实际行动践行你的价值观。

一、价值观是什么

很多没有做过自我探索的职场人，一谈到价值观会觉得离我们太远，其实我们在日常生活中所做的每个大大小小的选择，背后都是价值的取舍。举个例子，你中午在公司楼下吃饭，是会选择爽爽地吃顿麻辣火锅，还是来份养生的沙拉素食，这背后就是健康和口欲之爽的价值选择；再比如，我辅导的一个职场人同时拿了好几个 offer，但他最终放弃了年薪 50 万的公司而选择加入一家做教育的创业公司，是因为这家创业公司的业务能更好地为他日后的职业发展铺路，这背后就是当下经济报酬和未来成长价值的取舍。

价值观是我们关于什么是有价值的、值得做的事情的一种信念，也是我们在做出选择时的内心标尺。

二、为什么价值观决定了我们的职业满意度

很多职场人都以为是金钱决定了我们的职业幸福和满意度，这些年我在辅导的众多转型案例中发现一个人真正的职业满意度取决于这个人价值观的满足程度。

在转型前，很多人遇到的职业倦怠和瓶颈，恰恰就来自于他内在真实的渴望和想法满足不了。我自己在从事人力资源业务

伙伴（HRBP）岗位的最后两年，无论我在工作中多么投入和努力，无论同事和领导怎么认可我的专业度，依然无法满足我内心真正渴望的职业价值——"通过专业知识帮助职场人获得启发和思考，明确自己的职业发展路径，通过行动收获成长"。所以当我转换到人才和培训岗位后，这一腔热情才有了安放的地方。

转型中，当我们要重新寻找方向时，为了做出不让自己后悔的决定，我们依然需要价值观这个"指南针"来帮助我们做好人生重大决策。

举个例子，一个从体制内辞职出来的职场人找到我，说之前一个老领导有个工作机会想邀请他加入，他有些犹豫，来征求我的意见。我没有直接回答，而是拿出价值观卡片让他逐一做出筛选，一轮一轮地筛选后，最后他剩下的三项核心价值是：成就感、工作和生活平衡和健康。

于是我问他："这份工作能满足你的成就感吗？

他说："不能，因为对方是一家事业单位，运行机制跟我原来在的环境没什么差别。"

我接着问："这份工作能满足工作和生活平衡吗？"

他说："这个岗位需要频繁出差，估计也不怎么能顾家。"

之后，他恍然大悟说："我不纠结了，这份工作不适合现阶

段的我"。

做好职业转型的选择，一定要考虑价值观在其中的影响，否则很快就会继续陷入到纠结和痛苦之中。

我身边有很多在培训和人才发展领域中工作了几十年的前辈，当他们谈起自己的工作时，依然滔滔不绝，激情满满，我曾经很好奇地问过一个前辈，为什么她可以在这样一个浮躁的时代坚守一个领域并且持续投入和精进。结果这位前辈反问我了一个问题，她说："舒祺，你想成为一个什么样的人？如果这个问题你想清楚了，答案你就明白了。"

当一个人明白什么重要、什么不重要时，就会把人生的有限资源投入到真正重要的事情中，并长期坚持下去。价值观为我们的人生注入了意义感，而这个意义的实现反过来又带给我们力量、动力和意志；一个没有坚定价值观的人会永远摇摆不定，得不到满足。

三、如何发现和探索自己的价值观

价值观从清晰到真正成为日常行动指南需要一个修炼的过程。绝大部分职场人一开始很难清晰地说出自己在职业中到底看重什么，我介绍三个方法来帮助你明确自己的价值观：

方法一：利用系统的价值观词汇表做筛选。

下面这 15 项职业价值观来自新精英生涯，是在职业规划大师舒伯提出的 13 项职业价值观基础上进行本土化处理之后提出来的：

收入待遇：注重工作所给予的较高的经济回报及福利待遇。

工作环境：注重工作环境的舒适性，希望有宜人的办公环境。

组织氛围：注重组织氛围，希望所在组织的规章制度公平透明，没有过多的隐性规则。

平衡生活：希望工作之余有较多时间和精力休闲娱乐、照顾家庭，不会过多牺牲个人和家庭生活的时间。

工作稳定：注重工作的稳定性，希望在长期稳定的组织或职位上工作，不会轻易丢掉工作。

持续挑战：注重工作的挑战性，希望从事有挑战性的工作，从工作中获得成就感。

成长发展：注重工作中的成长机会和发展空间，所在职业的发展前景广阔。

他人认可：注重组织（上级和同事等）、家庭、社会对自身工作的认可，希望有较高的社会地位。

人际和谐：注重工作能够提供融洽的人际关系，希望能与同事建立深厚友谊等。

管理权力：注重工作赋予的管理他人的权力，希望自己可以计划和分配任务、管理下属。

开拓创造：注重工作中发明创造新鲜事物的机会，希望自己的工作能设计新产品、创造新观念。

志趣满足：注重工作与个人兴趣的匹配，希望从事的工作是自己喜欢的。

道德操守：希望从事的工作不违背职业道德、自身道德和社会公德的要求。

多样变化：注重尝试变化，体验多样性，希望自己的工作能经常变换任务性质、内容、场所等，避免过规律重复的生活。

独立自主：注重个人能充分以自己的步调或方法来安排工作，希望自己的工作能不受他人干涉与限制，在职责范围内有充分自由等。

操作步骤如下：

1. 选择一个相对平静和不被打扰的时间，大概 5 分钟。

2. 先从上面 15 项价值观中选出对于自己最重要的 8 个。

3. 然后在 8 个中删除 3 个（不是选出 5 个，而是删除 3 个，例如你删除了"收入待遇"，则意味着你永远无法在这个选项上满意了，你可以反复体验这个感受）。

4. 然后，继续删除 1 个，留下 4 个。

5. 再删除 1 个，留下 3 个。

6. 最后将这 3 个按照重要程度排序，这就是你的职业核心价值观。

7. 尝试清晰地表述它们，举几个例子来说明你对这个词的理解。

8. 用这 3 个价值观来评价你对当前职业的满意度。如 6 分以上是正常标准，5 分以下要引起关注，如果 3 分以下估计你离离职就不远了。

如志趣满足：6 分；多样变化：7 分；收入待遇：9 分。

9. 写下你的觉察和感悟。

方法二：回忆过去的人生成就事件和低谷事件来感受。

我们内心真实的幸福感来自于底层价值观被满足，而我们的痛苦也来自于看重的价值被压抑或被剥夺。所以当我们去表达一件事情有价值时，往往是因为感受层面被满足了。

我用自己的经历来举例子。

成就事件：

研究生阶段我为了赚生活费去一所学校兼职教书，那所学校是一个艺术院校，我给他们教的是管理学导论和公共关系学这样的理论课，在那之前我从来没给成年人讲过课。于是我在网上找了一些老师的讲课视频，模仿着做了PPT，设计了讲课的开场和结尾就去了。第一天课程结束，坐在后面听课的院长走到讲台前跟我说了一句话，他说："我从来没看过这些孩子这么认真地听这种课。"

那一刻，我充满了成就感，而且整个课堂中跟学员的互动和交流让我非常开心。当我回忆起那次经历，我明白了帮助年轻人成长、在认知和思考上启发一群人让我特别有成就感，内心也充满能量。分析这段经历就让我意识到"智慧、影响、分享、连接"这些价值是我非常看重的。

低谷事件：

不开心的经历同样也有深刻的价值，过去十年我在职场中经历了各种挑战，也有过很多痛苦和艰难的时期，但真正让我特别痛苦的是，我在做人力资源业务伙伴的最后一年。我记得那段时间，我配合团队做了不少项目，过程很辛苦，我自己也不是很开心，突然有一天，我们的项目被总部临时叫停了，自己对此又无能为力，那次经历的痛苦成为我转换职业方向的导火索。事后回想起来，这就是我在工作中看重的"自由"的价值被剥夺了，我渴望能以自己的步调或方法来安排工作。在职责范围内有充分的自由，也让我决定要转换到更加简单和单纯的培训师方向上来。

你可以多回忆几件成就事件和低谷事件，一旦写多了你就会发现这些事情都是有规律的，那些反复被提到的词就是你内心看重的价值。

方法三："荒岛"测试。

很多年前看过一个"荒岛"测试的题目：假如你被带到了一个荒岛上，并且要在这里长期生活下去，你会怎么做？

你会带上哪5本书一起去？这些书对你有何重要性？

带上哪5首音乐一起去？这些音乐对你有何重要性？

带上哪5部电影？它们对你有何重要性？

带上哪5位朋友？这些特别的朋友对你有何重要性？

你可以试着回答这些问题来感受自己的价值，其实问题的答案是什么并不重要，关键是你会在思考和反复探索中慢慢清晰自己的价值观。很多人刚开始回答这些问题时总会问我有没有标准的答案，但是要知道价值观不是用来评判的，而是用来感受和践行的。

歌手猫王说过："价值观就像指纹，每个人都不一样，但它会在我们做过的每件事上留下痕迹"。

希望你能基于价值观做出无悔于心的职业选择。

第四节　价值修炼，像高手一样专注笃定，活出自我

我辅导的很多转型学员在探索了价值观之后经常有这样的疑问："就算我知道自己想要实现的价值观，但真正落地的时候发现还是很难，怎么办？"

确实如此，经过探索知道符合内心的选择，还要去践行，对任何一个人来说，都不是一件容易的事情，所以我们需要先知道关于价值观的几个真相：

真相一：彼之蜜糖，我之砒霜。

生活中每个人因为成长经历、性格特质和所处阶段不一样，看重的价值也不一样。所以当我们要转变时，势必会有冲突产生。比如父母渴望的稳定和孩子想要的精彩；丈夫对妻子"相夫教子"的期待以及妻子对"成就一番事业"的渴望。

当重要之人的期待和自己的价值观冲突时怎么办？

首先要做的就是不要正面冲突，其实一个优秀的人本来就需要在具有不同价值观的人群中影响对方，逐步实现双赢和合作。我有一个转型学员，她遇到家人反对时表现得就很智慧，她没有激化冲突，而是默默地提高自己时间管理的能力，利用休息和节

假日充电、学习，最终拿到一份比原来工作更好的机会，逐步实现转型，"特立"未必要"独行"，不被他人价值带走，始终坚持自己的独立思考并践行是最重要的。

真相二：资源永远有限，要学会主动给价值排序。

每个人的资源都是有限的，时刻记住把资源先投入到最重要的事情上，逐步实现自己的理想。比如，很多人在转型之后做自由职业者都会纠结于时间投入和自由度的实现，自由职业者不像很多人想象的那样"想上班的时候就上，不想上就不上"。

绝大部分自由职业者在离开组织的头几年为了在市场站稳脚跟，往往投入的时间和精力是在原组织里的好几倍。这时如果不能忍受，就会对这种状态失望。所以我建议你随时梳理自己的资源，排出当下最优先的目标，落地行动，从而一步步实现理想的职业状态。

真相三：价值观的实现是分阶段的，先满足生存再自我实现。

回顾我自己的奋斗经历，当年离开国企是为了更高的薪资；再次转型是因为职业倦怠想要寻找更有热情的工作；最后因为自我实现鼓起勇气离开组织开拓自己的事业。在这个过程中，我通过不断行动、实现阶段性目标，再一步步向长远的目标和理想的人生靠近。

绝大部分普通职场人的奋斗路径都符合先满足生存，再艰难寻求发展突破，再逐步在职业中实现自己，寻求人生的意义，不要期待一口气吃成胖子，当自顾不暇时还渴望改变世界是不现实的。

怎样才算真的读懂了价值的三个真相，并且贯穿到自己的日常行为中呢？

接下来我用四个步骤即"价值观四步修炼法"，讲讲如何修炼自己的价值观，帮助你"活出"自己的价值观，成长为自己的样子。

一、持续确认

价值观的探索和确认不是一件一劳永逸的事情，它是一个持续探索、反复确认的过程。刚参加工作时，绝大部分人不知道自己的人生想要什么，而且那时我们还要考虑很现实的因素，比如赚钱满足生存。所以职场新人在工作中的价值诉求很简单：找个好平台，有个好老板，钱多些就可以了。但随着年龄和资历的积累，很多人开始出现职业倦怠，而且这种倦怠往往不仅仅是外在的物质回报不足，而是我们要倾听内心的声音，去找到一个让自己更有热情和挑战的职业选项。

这时你的价值观、目标和行动是一致的，所以你内心宁静，动力十足。但是慢慢的，随着行动和思考，你的视野和认知又开始慢慢发生变化，就可能进入新一轮的迷茫状态。

比如当年我从人力资源业务伙伴的岗位，进入到职业生涯规划领域时，我发现原来成长是一门科学，真的有人在自己热爱的领域努力地玩。我找到了自己真正的热爱和激情，也找回了久违的快乐。当我探索出自己的核心价值观是"自由、智慧、影响"时，我甚至流下了眼泪，我终于知道为什么自己在工作中那么努力却始终无法满足，也知道了接下来自己应该去哪个方向创造价值。

我真正全职进入这个领域后，跟更多的学员群体和企业去接触、访谈，去设计产品和服务满足他们，我发现原来定的目标已经不能满足自己，我需要根据新的资源设定新的目标，而在这个过程中我的价值观也开始慢慢发生变化，我对于"自由"的理解有了更进一步的认知，这些认知又反过来决定了我下一个阶段的目标。

为了让自己更好地探索和确认价值观的效果，我建议你记录和定期复盘自己的成长过程，每次的复盘可以让我们重新盘点自己的资源和目标，进行动态的调整。持续确认价值观是活出意义的过程，一旦你知道什么对你最重要，你就会为了这些价值去努力行动。

二、自我激活

很多人都会有困惑："反复澄清筛选出来的价值观就是我真正的价值观吗？"且慢，价值观修炼的第二步是激活，也就是你要问问自己什么时候体会过这些价值观带给你的满足，直白点说就是你是否为它哭过、笑过。

举个例子，我自己的一个核心价值观——成长发展，我回想起自己几乎每次换一份工作都是因为这份工作无法再给我带来成长，基本上我能折腾的事情都折腾完了，即使公司平台和品牌再好，跟老板的关系再融洽，我可能也会继续寻找新的环境去实现自己的成长诉求。

还有一次，我辅导了一名媒体编辑，她筛选出自己的核心价值是"志趣满足"，我让她给我讲个价值被满足的事情：她说有一次去采访一个行业名人，采访结束后，这位名人跟她说："你是我见过的最会提问的记者。"她说："那一刻我觉得特别开心，希望这样的经历要再多来几次。"然而她讲述的这段经历展示和激活的不是"志趣满足"，而是"他人认可"，因为在她内心真正渴望的是外界对她的认可和激励，这是典型的成就导向价值。

激活价值观会让我们进一步知道自己适合什么样的工作环境，当下阶段该追求什么样的机会或事情。比如，如果你非常看重职业和家庭的平衡，那么高竞争和高压力的环境未必适合你；而如果你内心非常渴望不断成长和挑战，过于平稳和安逸的环境也不适合你。

所以成年人做的所有决策只要是基于自己的价值观做出选择，并且承担后果，就是理性的选择。

三、公开主张

公开主张是指当我们进一步确定了自己的核心价值观之后，要学会主张和展示自己的价值观。"活出自己"这句话很多人都会说，但真正能做到的人非常少，原因就是当一个人想要活出自己时，不仅需要自己努力，还要学会给自己建立支持系统，然后告诉这个支持系统里那些愿意支持你的人"你是一个怎样的人，未来想要做什么，希望获得怎样的支持和帮助"等。这个支持系统包括你的家庭成员、你的上司或者志同道合、可以信任的导师和朋友等。

我有次去一家企业给中层管理者讲课，讲完价值观的"公开主张"后，一个学员就去跟她老板沟通了，她希望去之前她们讨论过的那个岗位工作。结果这个老板跟这位学员说："我一直在等你主动来告诉我'我愿意'这句话，之前我让你去，你即使去了，不是你内心真正的想法；现在你来找我，说明这是你自主的决策，这两者的动力是完全不一样的。"这位管理者下午在课堂上跟我们分享的时候，在场的学员都非常感动。

我自己在职业转型时也有过公开主张的例子。我第一次转型到培训岗位时，我的大女儿刚 8 个月，那时我先生也在创业且非常忙，于是我只能去向我的婆婆寻求支持，我告诉她我要换到一个我很喜欢的工作岗位上，也渴望在工作岗位上做出一些成绩，这样对孩子的未来，对整个家庭的关系和氛围都会更有帮助。就这样，我成功地影响了我的婆婆，在晚上我需要安静投入看书时，她会陪孩子玩。周末她也会放弃一天的休息来帮我带孩子，让我能有机会外出参加培训、提升专业能力，我就靠着这样的影响和主张一步步实现了自己的职业转型。

四、不断践行

一个人形成核心价值观的过程就像生鸡蛋煮熟的过程，在没成形之前是晃荡不稳的，而一旦成形，就会像固着在壁上一样成为坚定的行动指导原则，价值观形成的过程需要的是践行。

比如，当你面对一个真实的职业选择时：

"一份钱多的工作，老板还在国外，工作内容也是你熟悉的，不怎么需要每日精进专业，但就是没有成就感，这份工作你要不要？"去还是留就是在践行你的价值观。

如果你不清楚自己真正的价值观，不妨把过去一周真正行动的事情记录下来，一周以后再看看你真正付出了行动的事情是什么，那些我们真正去践行的价值观才是我们坚定的价值观，也是我们未来可以作为决策和行动的标准。

践行价值观还体现在你为了自己看重的价值做了些什么，所以我们要经常问问自己："如果你看重这些价值，你可以为此做些什么？"对我自己来说，无论是讲课、写作、分享，都是在践行自己关于智慧和影响的价值观，虽然需要付出很多时间和精力，有时也很辛苦，但依然觉得很值得。

识别价值观的三个真相是让你勇敢面对不完美的现状，学会与之共处，践行价值观的四步是让你用行动兑现价值，活得越来越像自己，成为生活中的高手。只有将两者结合起来，才能够在转型的过程中更加清醒地认识自己，从而做出无悔的选择。

第五节　打造独特优势，找准高回报的转型发力点

很多想要转型的职场人最担心的一个问题就是："我已经30多岁了，重新开始一个行业意味着之前的资源和技能积累都没用了，一切都要重来，我不确定自己是否能够接受这个落差，有没有方法可以让我把原有的技能迁移到新的领域中，实现华丽转身？"

先说一个跨界转型的成功案例：案例的主人公就是得到App上迄今为止单门课课程销量第一的薛兆丰老师。薛老师曾是北大国家发展研究学院教授，他在得到开设薛兆丰的经济学课，目前已经有超过50万人购买这个课程，他也凭借名气登上了奇葩说的舞台，拥有了一个"一半老师一半艺人"的人设。

为什么他能打造这样一个现象级的产品呢？除了得到平台的助力外，他成功的关键就在于他很会组合和经营自己的优势。

首先他是一个学者，经济学博士毕业，在攻读博士和任教期间他先后出版了多本经济学书籍，撰写了很多专栏文章。

其次，他非常擅长利用互联网平台，具有产品思维和用户视角。

2017年，在打造得到专栏"薛兆丰的经济学课"时，他通过使用最通俗易懂的语言，并结合时下最流行的热点，让平时枯燥无味的经济学被更多人能够轻松地接受。

2018 年，薛老师担任了综艺节目《奇葩说》的导师，在一众综艺明星中，他凭借理性又独特的观点和言论，以及穿着正装一脸严肃的形象，大量圈粉，成为网红经济学家。

最后，他很擅长营销造势，当他出版《薛兆丰经济学讲义》一书时，新书的发布会独辟蹊径，把地点选在了北京的"网红"地标三源里菜市场。"菜市场＋经济学＋北大教授"的组合，一时间也成了热门话题。

后来他从北大离职，个人品牌也没有受到影响，这一切都得益于他能把自己的资源、技能和才干有机地组合起来，变为可识别、可交付的成果，从而打造了标签鲜明并在持续展示的过程中不断强化的优势，这才是真正能够迁移的、具有壁垒的核心竞争力。

我们如何能像薛老师一样识别优势、把优势变成核心竞争力，从而助力自己的转型过程呢？我提炼了两个方法：一是利用优势解决问题；二是打造你的优势组合。

一、什么是优势

要梳理优势，先澄清一下什么是优势，一个人做的事情要形

成优势需要满足以下三个核心要素：

要素一：绩效 / 表现。

一个人的优势要通过实际行动来定义，即是否擅长做这件事，真正的优势需要有持续稳定的正向表现。比如，一位销售人员，在激烈的竞争中能够争取到客户，达成交易，为公司创造利润，这就是一种积极的绩效或者表现；再比如，作为一名培训师，讲课总能让人觉得易学易用、有趣，还得到学员很高的评价，这也是优势。

要素二：能量。

就是看你做一件事时是不是很享受以及富有热情。我们有时会看到一些人擅长做一件事，但却未必享受它。比如我之前见过一些销售人员虽然业绩不错，但还是不爱做销售的事情，那他很难把销售作为他的核心优势。所以，发挥优势的意义不仅在于成功，也在于幸福。

要素三：使用频率。

无论你是有意识还是无意识，要形成优势都要看是否会经常运用这些能力。当你看到一个人在某件事情上有近乎完美的表现，不用说他的背后肯定有成百上千次的刻意练习。

例如，我虽然喜欢演讲和分享，但在成为职业培训师之前，我顶多就是偶尔上讲台发言或者演讲时被人反馈说还不错。因为没有经常实践，那时讲课只能算是我的一种潜能，不能称为优势。

所以，优势就是当你在一件事上有着稳定的近乎完美的表现时，同时还感觉很好，并且有机会不断重复和实践，那它就是你的核心优势。

看到这里，你会不会感觉自己没什么优势，接下来分享一个"优势三核"帮助大家盘点一下自身的优势。

资源优势。资源优势位于"优势三核"的最外圈，它包含人脉、金钱、心态、可支配的时间、体能精力、权力地位、个人品牌、天生的身体条件等，这些资源在特定的环境有机会为我们所用，帮助我们提升效率、达成目标、获得成功。

资源优势可以靠天生得来，例如，优越的家庭条件；一些运动员天生具有身高、身体优势等；资源优势也可以通过努力获取，比如在某一领域积累的人脉资源等。事实上，在任何一个领域或圈子，每一个人都可能因为拥有比别人更有利的资源，从而获得更多机会，这样的资源优势应该被我们积极地利用起来。

能力优势。能力优势是我们最经常提到的一种优势，是指我们完成一项特定任务或达成一个目标所具备的知识和技能。

能力优势既可以是我们天生所具备的特长，例如，一些人天生对数字敏感、计算能力强，有些人从小就展示了文艺天赋等；能力优势也可以是后天所习得的知识和技能，例如，我身边的一些人参加了演讲俱乐部，从之前的上台就紧张到现在挥洒自如地在几百人面前做即兴演讲。职场上，能力优势通常分为岗位上使用的专业能力，比如财务、研发、采购等；还有就是不管什么岗位都能用的通用能力，比如沟通、分析、思考等。

才干优势。才干优势从定义上说是自然而然反复出现，可被高效利用的思维、感受、行为模式或某种品格。比如，我的一些做人力资源管理的朋友就具备同理心才干，她们非常愿意换位思考，总是能站在员工的立场上考虑问题、化解冲突，这让她们在员工关系的处理上总是能够如鱼得水，这就是典型的才干优势。

觉得自己没有优势的伙伴可以参照"优势三核"梳理出自己在不同层面上的优势，但更为重要的是，用这些优势来解决问题。

二、利用优势解决问题

举个例子，我之前的一位客户，他从一家体制内单位转型到一个知名的学习组织机构做 HR 负责人，有一天晚上老板发了一条新闻给他，新闻标题叫"两大主播公司合并！或成第一家上市经纪公司"，然后留了一句话："可以探索一下这两大电竞主播公司的管理模式吗？谢谢！"

他说当他看到这个新闻的时候连"电竞主播"的名称都没听过，但是他用了一晚上的时间查了几乎所有的相关资料，还总结出一个这个行业的商业模型。因为他运用同理心思考出领导让他查这条新闻背后的用意：因为他们也是生产内容的公司，把内容传播到平台上，服务于客户，所以如何学习"经纪公司电竞主播管理模式"去管理好自己的平台，管理更好的专家库，对于更好做出持续的内容很有帮助。

最后，他还超出老板的期待深入思考，写出一篇 4000 字的文章——《经纪公司电竞主播管理模式对知识创新型学习组织的启发》并发给老板。老板收到他的文章后在公司群里说："希望以后我们的同事都能有这样的学习主动性，在岗位上贡献价值。"

他就是把自己的核心优势——学习能力、结构化思考能力和搜索能力用在了工作上，获得了老板的认可和信任。我们解决问题的过程就是在检测我们优势的过程。想要加速成长，就需要刻意使用自己的优势解决问题。

利用优势解决问题的案例积累多了之后，你就可以去打造自己的"成功案例库"，然后从成功案例中挖掘你的优势内核，指导自己在未来的行动中强化使用。具体如何做呢？

步骤一：请仔细回忆在过去自己非常满意、非常有成就感的事情（至少三件）。

在书写成就事件的时候，可以使用 STAR 行为事件描述法，在细节方面写得尽量详细一些：

S（Situation）：情景，就是当时面临什么情况。

T（Target）：目标，需要完成的任务是什么。

A（Action）：行动，你采取了哪些行为来达成目标。

R（Result）：结果，最后的结果如何。

步骤二：分析提炼你的优势内核。

在这些成功案例中，请总结：你会不自觉地被什么事情所吸引？这些事情有什么共同的特点？

在你的成功案例库中，你在做什么事情的时候会全情投入、产生心流，并且做完之后精力充沛、充满能量？

从你上面选出来的事情中挑选出一件事情，这件事你愿意重复 100 遍，并且每次都可以做得最好，你会选哪件事情？

你在做这些事的过程中利用了哪些具体的资源和技能？

大家对你的优势或特质的认识或反馈有怎样的共同之处？他

们对你的赞许是什么？

人们因为什么而记住了你？大家由此来经常请教你的是什么？

步骤三：强化属于你自己的具体优势，并在以后的工作生活中刻意使用。

从步骤二中提炼出关键词之后，更加系统全面地提升该项优势，例如你的学习能力很强，那么你就可以去阅读更多关于如何高效学习的书籍，让你的长处更长。

三、打造你的组合优势

什么叫组合优势呢？

前面讲的薛老师就是个很好的例子，也许在旧有领域你不是最好的，但是一旦把优势组合起来，你就可能成为新领域里最好的。选择一个你深耕的领域，叠加其他技能，你获取的机会和成功的概率就会大幅增加。组合优势不是全面发展，而是不断强化自己的核心优势，使合力最大化。组合优势意味着在自己最擅长的一两个领域做到最好，同时发展自己较广泛的知识视野与能力素质。

行业、市场瞬息万变，组合也要随需应变，所以我们要学会挖掘自己的最佳组合。核心优势是经营出来的，要学会盘点你的资源优势、技能优势和才干优势，并匹配市场需求缺口，叠加你的优势形成特有的职业护城河，从而打造你独特的组合优势。

为了更加便于操作，我列了一个优势组合盘点表（见表 3-1）：

表　3-1

优势盘点		需求缺口	优势组合
资源优势		同事们经常抱怨的是什么？ 用户们经常反馈的是什么？ 竞争对手有哪些做得不好的地方？ 变化趋势	
技能优势			
才干优势			

我之前有一位朋友，在外资企业做员工关系的 HR，她发现员工越来越注重维护自身利益，《中华人民共和国劳动合同法》的一些细则也在不断更新，所以很多外企的人力资源部门感到压力很大。她之前是学法律出身的，当她了解到这样的需求缺口后，就考取了律师资格证，深入研究劳动法。在人力资源领域不乏有成套理论的职业经理人，法律领域也有很多精通劳动法的专家，但是具有律师执照，并在劳动法方面可以随时出庭为企业做辩护的人力资源管理者却并不多见，她靠着这样的组合优势在同龄人中脱颖而出（见表 3-2）。

表 3-2

优势盘点		需求缺口	优势组合
资源优势	法律学专业毕业	员工越来越注重维护自身利益《劳动合同法》的一些细则也在不断更新，人力资源部门感到压力很大	劳动法 +HR
技能优势	HR 的专业技能		
才干优势	学习能力强		

　　转型进入新领域并非意味着从零开始积累，你可以通过盘点自身的内外部资源，打造出自己独特的优势组合，不断在行动中实现迭代和精进。

第一节　用最小成就系统快速适应新领域

转型是一个系统工程，不是说找到了方向、进入新领域，一切就会朝着你期待的方向前进。特别是进入了转型的融合阶段，这是一个破旧立新的过程，很多人在这个阶段会因为纠结、行动力不够而无法在短时间内拿到反馈，进而产生自我怀疑，甚至放弃。

在我做的几百个转型咨询案例中，我发现不少人对转型后的工作抱有过高的期待：终于找到自己喜欢又擅长，还有不错回报的职业了。这样的想象会让你刚开始的时候产生一种"跳着舞上班"的错觉，但时间一长，你就会发现很多事情并不是自己预想的那样，于是便在一次次的挫败中变得自我怀疑和焦虑迷茫。

为什么会产生这样的现象呢？

一、踏入新领域的常见误区

1. 固守原有工作模式

我的一位朋友从传统行业的一家外企转到一家互联网公司，在转型初期，互联网公司和外企之间的文化及做事方式的差异让他非常痛苦，比如：

在新的互联网公司，每个人没有固定的工作描述，你唯一知道的就是你在哪个大部门，但是具体应该干点啥、怎么干，完全靠你自己琢磨；在实施的时候，需要自己去联络资源，澄清各方利益；自己 KPI 里定义的事情如果做不到，没有人会支援你，因为大家都太忙了……

我那位朋友在外企环境里熏陶了很多年，适应了流程清晰、分工清楚、界限分明、不紧不慢的节奏，所以在新的环境中越来越感觉无力，每天被淹没在接踵而至的各种指令和临时任务里，完全乱了阵脚。

忽略新岗位的实际情况，继续沿用自己过去的策略和所长，而不去开发新的能力去适应新的岗位和角色，就会很难快速适应"新土壤"。

2. 抱有情怀和幻想

很多人在转型初期，对所做事情会抱有非常天真烂漫的想法，他们认为："我终于按照自己的兴趣和志向找到了喜欢的行业和岗位，可以完全按照自己的想法和规划来行事了。"

我有一个学员，他在企业里做了十多年的培训和企业文化工作，离开组织后，他总想按照自己的方式去做一些改变行业传统做法的事情，比如，他觉得现在很多企业的做法非常短视，只是迎合大众，他作为一个"高知分子"压根瞧不上这些做法。真正在现实中受挫之后，他才开始转变心态和思路，去到业务第一线，从客户的真实场景需求出发打磨产品，也开始更加频繁地抓住一切机会去展示输出，让自己的价值持续转动起来。

所以，转型后的起步期策略其实是很简单直接的，首先保证自己能够生存下来，适应新环境之后再拓展后续。

3. 贪多求全

有的人在转型之后的新岗位上，抓不住核心重点，承担了过多的任务，分散精力。比如，对于团队中成员的帮助请求，不懂得拒绝，总是想着刚起步的时候多做一些总没错，慢慢地就成了团队中做杂活累活最多的那个"老黄牛"。

主动聚焦是一种选择的能力。如果你没有对于当前最重要的事情足够聚焦，那么你就放弃了自己选择的权利，就会为了他人的目标而奔走忙碌，逐渐忘记了自己转型的初心，于是就会慢慢

地变回之前的工作模式。

二、快速适应新领域的三个方法

如何才能走出这些误区，快速适应新领域呢？和你分享三个方法：

1. 找到让你"卡住"的真正问题

很多人在转型的过程中都说自己太难了，但是具体说起难点的时候，都是大而化之的吐槽，没有触及真正的问题。想要找到适应阶段的真正卡点，就要把相关问题具体化、数据化，在清晰界定问题的前提下，找到真正需要改善和提升的点。

如何把问题具体化、数据化呢？著名产品经理梁宁曾举过一个自己练习跑步的例子。

她在刚开始练习跑步的时候，连 400 米都跑得很难受，但，她在 8 个月后就完成了半马。她是怎么做到的呢？

她找了一个专业的健身教练，教练让她做的第一件事情就是买一个运动手表，在手表的界面上，可以实时看到心率、速度、公里数。其实，这就是动态数据化。这样做的价值是什么？

梁宁说："在没有数据化之前，我只知道自己难受，自己不行。但是不知道自己被卡在哪里了，是心肺功能不行？还是腿的力量不行？看到心率就知道了，首先是心肺功能不行。那就放下速度，对着表，看着自己的心率跑。把心率控制住，也就没有那么难受了。随着训练的累加，腿的能力也自然提升了。"

这样一个简单的数据化，就把原来束缚你的一个自我认知——"我跑不了步"，变成具体的问题。你知道自己卡在哪个环节，知道该如何具体解决，这就是数字化的意义。

回到我们转型期间遇到的问题，你也可以给自己建立一个监测自身数据的工具，或者通过专业人士的反馈来搭建这种看见自己真正问题的环境。

所以我们在转型期间，需要两面"镜子"：

一面是内部的镜子，通过自我反思觉察，发现真正的问题。被称为"日本学习之神"的和田秀树提出了厘清问题 6 问法：

能否把"为什么"问题转换成"如何"或"什么"的问题。

解决这个问题的价值或意义是什么？

如果这个问题解决了，未来三个月我希望看到的成果是什么？

目前阻碍成果实现的主要障碍是什么？

在这些障碍中，我最想解决或者在未来三个月最有可能解决的是哪些？

基于以上问题的答案，我最关注的问题是什么？

另一面是外部的镜子。如果有条件，你可以通过找专业的教练、导师、咨询师进行一对一的沟通，在他们的指导下，扫描自己的盲区，找到症结所在。

当然，你也可以和身边志同道合的人一起结对同行，这是一个我们在线上训练营中经常提倡大家做的事情，通过制订结对承诺书、约定阶段性目标和约谈频次、奖励机制等，双方在相互监督、赋能、问责的过程中一起进步。

2. 制定功利性小目标

什么叫功利性小目标？

举个例子，"搜狗输入法之父"马占凯是一个学习速度非常快的人，如果他想干一件事，一般会看很多的书。

比如，2018 年下半年，马占凯打算进行跟区块链有关的创业，为了充分加强自己对区块链领域的了解，他给自己制定了每天读一本书的目标。

马占凯说："我让行政买了 30 本书，如果指望着员工看，一周看一本最少也得看半年。我是干区块链创业的，我自己必须得搞清楚这件事。"为了督促自己，他发了一个朋友圈表示，如果有一天看不完一本书，就要发 500 元红包给大家。

马占凯按照他原来的打算，自己可能会破戒五六次，大概会发出去 3000 元左右的红包。可事实上，他真的坚持了整整三十天，一天也没落下。

所以在遇到相关问题的时候，制定一个阶段性的小目标，这个目标要足够明确、有时间边界和外界压力。一旦达成你就会在这一方面得到质的提升，别人对你也会十分佩服，这就叫作功利性小目标。

每个人都需要里程碑，这个里程碑不是要定一个很大的目标，而是定一个小小的、能够快速实现的功利性目标。这个目标需要匹配你当下最重要的任务、能够带来最大产出的事情。在行动前公开主张计划，在行动过程中持续展示进度，把你取得的小成就分享给身边的人，取得正向反馈，你就有源源不断向前的动力。

3. 两点之间，聚焦最短

从真正的问题到小目标，中间的距离有多远？

在极端压力的环境下，人们才能看到自己知与行之间的距离。要缩短知与行的距离，最有效的方式就是极度聚焦、单点突破。

再厉害的人，前期都要聚焦。因为只有力出一孔，才能带来能量的爆发。

就像 360 创始人周鸿祎所说："要把事做成，就要在一个地方形成足够的压强，我们缺少的不是策划，不是点子，需要的是持之以恒地把一件事情做得非常深入的能力。"

那么如何聚焦，实现单点突破呢？跟你分享"一动一静"的两个方法。

（1）拆解技能，极致练习

你是否能立马具体清晰地说出，从你的现状到目标之间还需要掌握哪些技能？

很多人可能一下子答不上来，这是因为你没有把需要掌握的目标技能做拆解。

我有一个学员，去年转型做社群运营工作。刚开始她做事情没有什么章法，和人沟通也缺乏温度和影响力。后来，她看了一些书籍之后慢慢梳理出成为一个运营高手所需要具备的技能，这些技能需要兼备左脑和右脑的能力。

于是她先是练习结构化思考和表达的能力，"左脑"控制的表达越来越有条理了。但是在修炼"右脑"能力的时候遇到了瓶颈。她有一次跟我说："舒祺老师，我觉得自己和别人沟通的时候，缺乏影响力和温度，应该怎么提升呢？"我建议她去读一读得到课程的发刊词，并做拆解和提炼。

于是她非常细致地拆解了 10 篇得到发刊词，总结了常见套路：

用精准贴切的情绪词来戳中痛点。

逻辑性思考，形象化表达。

降维打击：大咖的例子 + 经典的理论。

制造两难困境，但给你第三选择。

引用电影的经典台词和隐喻。

炫技但不会让你感受有咄咄逼人的优越感。

突破认知："不是……而是……；绝大多数人 / 大部分人……但是……"

她把这些套路迁移使用在了社群的互动和问答反馈中，并解释清楚每一个社群运营动作背后明确的价值和意义，而不是机械地走流程。慢慢地大家都称赞她是社群"答题"高手、赋能小能手。

建议你选择一个很小的技能点，在一段时间内集中练习、多场景练习，直到这个技能内化成自己的习惯，给你带来了正向的反馈之后，你再考虑练习其他的相关技能。

（2）主动停下，回顾思考

转型是个长期持续和不断探索的过程，一个人无法确保自己的每一步行动都是正确或有效的，所以需要定期进行反思和校准。

《精要主义》一书中就提到，我们要在日益增多的"噪音"中学会选择、甄别和取舍精要之事和非精要之事。如何做到呢？就是给自己留出思考的时间。

事实上，各个领域的成功人士都会刻意留出整块时间来思考对自己真正重要的事情。微软的创始人比尔·盖茨会给自己设定"思考周"，即使在公司发展期间最忙的时候，他也会为自己安排一周时间什么也不干，专注用来阅读、学习新技术、勾勒远景、思考重要的事情，这些专注的思考总能让他在关键时刻为公司做出正确的抉择。

所以，转型过程中建议你经常按照以下3个问题来进行回顾和聚焦：

第一，我在这段时间取得了哪些阶段性成果？遇到了什么障碍？对于自己面对障碍时的想法或做法有什么反思？

第二，当初制订的行动计划完成到什么程度了？接下来如何推进计划？还需要哪些行动和支持？

第三，我为什么希望完成这样的转型？我的事业最终能给他人带来什么价值？

每隔一段时间反思这几个问题，同时记录下自己的心路历程和思考，进而调整接下来的行动计划，让目标更合理。比如，我自己转型时回顾目标就经常发现，自己定的阶段性目标太激进，从而导致经常达不到目标而沮丧甚至自我怀疑，但通过复盘和反思调整后，整个人的状态就会改变，重新投入到行动中去。

世界上最长的距离就是从知道到做到，如果你希望追求自己的理想，就需要在持续行动中摆脱思维的束缚和一眼看到头的人生，找到自己定义的精彩人生。

第二节　升级圈子，实现转型路上的快速突围

一、选择圈子就是选择命运

在我辅导职场人转型的这些年，我发现，很多人在职场中期转型的瓶颈，不仅仅在于能力，更在于人脉圈。很多职场人，尤其那些多年在一家企业从来没有换过公司的人，他们的人际圈子一直处于很封闭的状态，朋友圈除了家人、同学、同事就没有其他人了，一旦职业上有一些不可测的变化，立即陷入被动的状态，海投简历被 HR 歧视年龄，想要转行，又进不了新的圈子，不知道从哪里开始。

再比如，很多人在定位阶段列了许多行动计划，但是发现自己根本无法行动起来或者行动起来也是半途而废，这是因为你缺少一个新的圈子，圈子能促进你立即行动、持续行动，并且不断收到反馈。

在转型阶段圈子有多重要呢？

某种程度上，选择圈子就是选择命运。

我们的圈子是以自己为中心，以我们的能力和视野为半径所圈定的世界，无论这个圈子处于何处，就是我们当下的命运。这个圈子几乎锁定了我们的大部分选择和行动。

人是社会性动物，每个独立的个体，都以不同的角色生活在不同的集体中，每个人都影响着自己所处的圈子，同时圈子也在一直潜移默化影响着里面的每一个人。

转型路上我们要进行一系列的转变，不管是外在的行为表现、还有内在的角色认同，都需要由内而外地去适应新的角色，如果我们不更新圈子的话，就很难跟上环境对你的要求。

我们无法选择初始的圈子，就像我们无法选择自己的出身一样。但是我们却可以选择自己想要停留的圈子，就像可以选择自己的道路一样。所以，你想成为什么样的人，就要选择加入什么样的圈子。

二、转型路上为你助力的 5 个圈子

1. 提供专业指导的行家

哈佛商学院的知名讲师费洛迪说过："当我们思考如何在职业生涯中获得成长时，我们大多数人倾向于关注升职、项目、课程和证书。我们想获得更多的工作职责、更高的头衔和更多的钱。我们却忽略了这当中非常关键的一环：积极主动地和鞭策自己迈向成功的人多多相处，他们会以意想不到的方式推动我们取得成功，并且在和他们的相处中，我们可以获得真正丰富的、有意义的、不断成长的、追求卓越的人生。"

所以转型圈子第一类人就是那些令你钦佩、认可、且你向往的领域里的行家。

例如，这类人可以是你想要转型领域里比你资深 5~8 年的人，你可以去了解下他在你目前这个阶段时做些什么，以此来判断接下去的战略规划。再找几个比你提前两三年进入这个领域的人，看看他们做了什么能在这个领域快速站稳脚跟。2018 年我离开企业时，就约了好几个培训领域从业超过 10 年的前辈以及比我早几年进入培训领域的伙伴，他们给的建议为我顺利转型起了很大的作用。

2.提供心理支撑的教练

教练不一定是懂你专业的人，教练的角色更像一面镜子，可以在你面临内心纠结或者不确定时用启发式提问的方式给你不一样的视角和激励。这几年教练服务在国内越来越流行，建议转型初期你可以给自己找一个教练来陪伴，也可以看一下戴钊老师写的《自我教练》一书，这本书上的自我教练的问题和方法很实用。

你可以去以下渠道找到资深的行家和教练：

第一，现在大多数行家都会写书，或者有自己的公众号等自媒体平台，可以通过阅读他们的作品认识他们。

第二，可以去了解下你转型的领域有哪些专业会议，参加几次会议就可以认识该领域的专家，而他们大多数人都会开设自己的课程，去参加一两个他们的课程就能取得近距离接触的机会。

第三，去"在行""选对""有意思教练"等专业的教练、咨询师约见平台，直接花钱约见你视为榜样的人。

最后提醒一点，不要以为能见到专家就一定能获得他们的支持和帮助，要反过来思考自己有什么价值可以提供给对方，这样的价值思考可以让对方对你刮目相看，赢得更多机会。我自己在进入生涯领域时一直跟随新精英学习、做助教、跟老师一起翻译书、写 PPT 等，不仅学到更多，还因此获得了不少展示机会。

3. 志趣相投的同行者

你可以通过以下方式认识一些志同道合的人：

参加学习或培训。参加一些高质量的学习班和培训，可以直接认识这个领域最优秀的老师，以及和你一样渴望进步的同学。

参加兴趣沙龙。可以根据自己的兴趣和技能去参加沙龙。例如我认识的一些财商教练，都是在玩了一场现金流游戏之后萌生了职业转型的想法。

加入行业协会、公益组织，并成为志愿者。在行业协会中可以积累很多同行业上下游的人脉，而在公益组织中可以拓展大量其他行业的人脉。

4. 新公司的联盟者

如果你已经转型进入了新公司，你所在新公司的上级、同事、下属也可以成为你的支持系统。

上级。最好的上下级关系就是导师和学徒，让上级支持你的成长。当然想要和上级形成同盟关系，就需要你主动提供价值，而不是一味索取，站在对方的角度去思考，你能够创造和呈现什么价值。要学会从上级的规划和战略中快速找到自己的定位和策略。

同事。在跨部门作业中，不要躲避责任，而是拓展思维，换位思考，积极为他人创造价值。同事发展好了就是未来的事业伙伴。

下属。培养下行人脉，而不是一味让他们去做那些你不愿意去做的事务。要知道你未来的职业竞争力，有一部分可能就是来自你的下属。

5. 家庭支持系统

家庭支持系统是我们经常忽略但其实很重要的关系网。据我观察，很多职场中期能转型成功的人大都有一个稳健的家庭支持系统，当然这种支持系统往往要靠我们自己积极主动构建。

举个例子，有次我辅导一个刚生完孩子还在产假中的女性学员，她很上进，不仅在产假期间学习，还主动找我问产假结束回到工作岗位中最需要关注什么。我跟她说："一定要学会寻求帮助，给自己构建一个支持系统度过这段时期。"开始她体会不到，结果回到工作岗位上，刚好遇上组织架构调整、人员变动，她每天 7 点出门，忙到晚上 8 点回家，夜里还要奶娃。有天，孩子感冒了，夜醒频繁，她每天睡眠不足 3 小时，心情也很烦躁，半个月后，身体开始出现问题，她开始自我怀疑，认为自己工作和家里都照顾不好，状态非常差。

于是她开始寻求家人、领导的帮助，主动约他们逐一沟通，跟婆婆和老公重新分配了带娃的时间安排；和领导沟通调整了工作内容，有了弹性工作时间。慢慢地，宝宝恢复了健康，她每天的作息也开始变规律，不仅恢复了睡眠还能抽出 1 小时出门健身，满血复活。

有时，家人的无条件支持是我们转型成功的关键，我自己两次职业转型时孩子都小，就是靠着跟家人（主要是我婆婆）沟通协调好照顾孩子的事情，才为自己的转型赢得了时间和支持。

三、如何在圈子中打造影响力、兑换价值

虽然转换圈子很重要，但在选择圈子的时候需要注意，有这么多圈子，你选择在什么样的圈子中投入多少时间精力、获得什么反馈，这些都需要你结合自己在当下阶段的行动计划，有所侧重地选择。否则，同时加入好几个社群，但在很多群里只能潜水，就失去了加入圈子的意义了。另外，尽量选择能力对等的圈子，优秀的圈子可以带来机会，进行资源互换，但前提是你也要给圈子提供资源，一个普通人就算加入马云、马化腾的圈子，也没有什么用，因为他无法给圈子带来益处，只能处于圈子的边缘地带。

如果认定了一个圈子，想从中打造自己的影响力，实现长期连接，甚至希望有价值兑换和资源互换，可以怎么做？

两个关键词：积极分享、主动反馈。

我们团队成员小婷曾经给我分享过一个故事，她的经历完美展示了这两个词。她在一次优势课上，课堂上有一个环节，叫作"巅峰故事会"，小婷在这个环节分享了自己的故事，有伙伴就反馈说："为什么每次你想转变的时候，都有贵人出现，而且你还能抓住机会。"

她总结说："我想也许是因为我有一种'价值交付'的思维习惯，比如，上了这堂课，我就开始盘算自己能交付出哪些'价值'。"

"向上交付。讲课的老师专门请了一位课程体验官过来，说明他们非常需要反馈，所以除了大家一片叫好、很嗨之外，他们肯定也想听到学员的真实感受和细节性的反馈建议。所以在听课过程中我不仅是记录知识点，还要以一个制课人的视角，记录一份课程体验报告给老师。"

"横向交付。每个人都会在交谈中会透露许多隐性需求，都渴望得到别人的关注。现场有很多优秀的伙伴，但我的性格不是那种现场嗨的，我喜欢跟'有缘人'深度连接，所以我会选定三位伙伴进行深度交流，给他们做一个详细的个人反馈和资源分享。"

"向下交付。向下指的是把今天学到的知识、听到的有启发性的故事，讲给没有来上过课的人听，我就是他们的眼睛和耳朵，传递知识和见识。"

所以，积极分享不仅可以帮助你自己巩固心得、提升技能，还能让你的优势和特质放大，扩大自己的影响力。而主动反馈更是"一箭多雕"的表达，不仅可以获得多元视角，去看到对方眼中的事实、困难和期待，还能给关系增值，让对方感受到自己被看到、被重视、被期待，也是一个展示自己独到见解和解决方案的好机会。反馈的内容，天然地就具有互动性，在其中你就可以自如地表达你的主张。

在转型的融合阶段，学会"找圈子、入圈子、经营圈子"能让你获得机会，用更快的速度连接到新领域的人脉和机会，助力华丽转身。

第三节　增量思维：高手突破边界，扎根新领域的真正秘诀

你是否了解"增量思维"？

这个概念来自商业领域，原本指的是商品的存量市场和增量市场。举个例子，在互联网时代来临之前，看报纸的人数是固定的，这就是存量市场。有一天，互联网来了，智能手机也开始普及，大家开始用手机端看新闻，市场上涌现出来的手机新闻客户端就是"增量市场"。"增量市场"是指整个市场容量增加，原来可能不需要这个东西、不属于这个行业的人也被吸引过来，市场的边界在扩散，所以叫增量市场。

如果把这个概念迁移到职业发展当中，我们要突破旧边界，在一个新领域扎根，我们的发展思路也需要具备"增量思维"。

举个例子，如果你任职于某家公司，随着年限增长获得升职加薪，这是存量发展。但如果你在某个岗位上，由于你具备增量意识，平时就很注意通过学习来全面提升自己的能力，等到机会来临，你不仅可以垂直上升，还可以平行移动甚至跨领域获得机会，让自己拥有更多可能性，这就是职场的"增量思维"。

你可以用一个简单的方法来检验自己"增量水平"：把自己过去两年的工作经验，在不造假的情况下，写出多份与目前你所在岗位工作内容不同的简历，然后投入市场，如果能做到，说明你运用"增量思维"的效果不错。

所以，那些拥有"增量思维"的职场人，不仅能在自己的职业发展中获得更多新机会，也能更快把原来积累的技能迁移到新领域中站稳脚跟。

一个人如何才能拥有增量思维，让自己有更多选择呢？

一、用极致行动逾越生存期，留出增量空间

2018 年 7 月，我离开大企业正式转型成为独立的培训师，过去这几年，总是有人不停地问我："同样是离开大企业平台，成为自由讲师，为什么你的成长速度这么快，很多人好几年都没有找到方向？"

其实最大的原因是我不给自己留退路，我从离开企业的第一天就告诉自己，不要心存侥幸，想着如果做得不好，大不了回去上班；既然选择走这条路，就用行动去靠近自己的理想生活，影响更多的人。

这样的心态激发了我十足的行动力，我用 7 个月的时间达到了很多人需要两三年甚至更长时间才能达到的结果。这样的极致行动力除了带来较稳定的薪酬回报外，更重要的是倒逼自己认知和能力升级，在赚到足够生存的钱之后，我有了更多的时间精力来进行长期的探索。比如，2019 年我们尝试的"核心竞争力"

读书训练营后来迭代为我们的"职场线上训练营"，在疫情突然来临时给我们提供了极大的缓冲，让我们度过了对于线下培训工作者来说很艰难的一年，这就是增量思维带来的红利。

二、找到大于自身利益的长远目标，培养职业使命感

我自己一直很喜欢一句话："责任越大，潜力越大。"

责任感，可以成为撬动我们潜力的支点。如果一件事只是我们自己的事情可能会有懒惰或懈怠，在遇到困难的时候想要退缩和逃避。但是，当你对于自己的角色有了一个更大承担的定位，你就会竭尽自己的思考、情绪、资源等去达成目标。

莫腾·汉森经过多年的研究，在他的《卓越工作》一书提出了"使命金字塔"（如图4-1所示）。金字塔第一层的"价值创造"是指一个人在工作中能为他人创造的价值，比如为你的公司、同事、供应商和客户所创造的价值。如果一个人的付出只能产生一点点或者根本没有价值，你是很难体会到使命感，从而产生行动力。

如果你在自己的工作中赋予了有意义的价值，就可以向更高的层级追求——打造个人职业的意义，来提高你的使命感和工作的激情。一个人是否能给自己的工作赋予价值是很不一样的，比

如同样在企业做招聘工作的人，一些人把它视为履行企业招人的常规流程，筛选简历、组织面试、安排入职；但另一些人却感知自己的工作能为即将步入社会的年轻人提供好的平台，为他们人生的开局提供了帮助，就会非常有使命感。

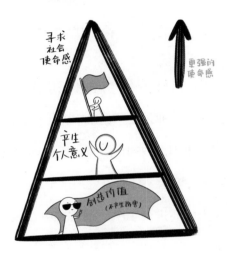

图 4-1

如果一个人能在自己的职业生涯中保持一种强烈的社会使命感，就能到达"使命感金字塔"的最顶端，整个工作的动力和效率就会完全不一样。比如我的导师，新精英生涯创始人古典老师的使命是"帮助30%的中国人成长为自己的样子"，这个使命让他超越了为挣钱而工作的境界，工作激情和效率也会很高，他对行业和社会作出了很大的贡献。

所以，立大志不是一句空话，我见过各个领域里厉害的人，他们无一不是目标清晰、坚定的人，他们富有洞见、精力充沛，那个大于他们的使命感就是他们持续行动的能量源泉。当我们有了一个大于自身利益的长远目标，就能够让自己清醒地意识自己是谁、能够做什么、能够帮助什么群体的人，这是我们能够获得长足成就和幸福的根源。

大家认为把自己做的事情上升到愿景层面后，从执行上来说难度会大很多，其实并非如此。《出奇制胜》这本书中有一个说法："把一件事情做到比原来 10 倍好，比做到 10% 更容易。"特斯拉电动车的创始人埃隆·马斯克就是这个说法的信徒。

为什么？因为你要进步 10%，通常的方法就是用更多资源、更多努力来实现，但是实现的方法并没有本质的变化。但是，如果你一开始的目标就是要改善 10 倍，那过去的方法肯定就没用了，你必须逼着自己去做根本上的创新，必须打破一些基本的假设。

比如，人类用化学燃料发射火箭，能够达到的速度和载重量，肯定是有限的。花更多的钱，也只能有微小的提升。真的想登陆火星，甚至走得更远，就必须有全新的太空飞行器。

"10 倍思维"很多时候可以让我们用更加宏观的视角来思考问题，《华杉讲透孙子兵法》的作者华杉老师讲过一个案例，他说帮别人做的广告语要至少可以用 500 年。怎么验证自己做的广告语可以用 500 年呢？华老师也提了一个方案，可以把自己的广告语往前推 500 年看看是否适用，比如"爱干净，住汉庭"这句广告语，向前推 500 年是 1520 年，中国的明朝，如果在明朝大街的一个客栈上挂广告语"爱干净，住汉庭"还是一样会有顾客来住店。按照这个方法证明这句广告语在 500 年前可以用，那么在 500 年后的 2520 年也一样适用，所以这句广告语可以用 500 年。

"10 倍思维"这个理论在提醒我们，尽可能不按过去的方式来做事，因为那最多只能渐进改善。你想获得大的成功，就必须在根本上换方法。

三、用学习力带动增长

著名投资人查理·芒格说过："我不断地看到有些人在生活中越过越好，他们不是最聪明的，甚至不是最勤奋的，但他们是学习机器，他们每天夜里睡觉时都比那天早晨聪明一点点。"

拥有强大学习能力的人做任何事情都自带"增长思维"。

我自己是"学习力"的践行者和受益者，我所践行的方法叫作：IPO。I（Input），就是优化和管理你的信息输入渠道；P（Process），就是内化、转换、分析、综合处理信息；O（Output），就是输出和应用，输出是倒逼能力提升最有效的方式。

人生的本质就是一场IPO，我们把外界纷繁复杂的信息进行整合、处理，然后对外界作出反应、解释，以此获得反馈，提供动力维持运转。在这个过程中，也形成了我们的价值观、知识体系和生命体验。

高手在处理IPO的每个环节都有自己的秘诀：

第一，在输入的环节，用更高的认知效率获取信息。

比起普通人一提到学习就开始盲目地看书、买课，高手会用大量时间先寻找出新领域里最核心的20%的知识要点。

我曾经问过一个记者朋友，对于一个陌生的领域他怎么用最快的速度去了解？他说，先列好问题，然后找那个领域里的资深人士去聊。聊完他就知道自己要去上什么网站，看些什么书了。

同时他们会用人脉的力量获取信息，然后用在最能产生价值的地方。知名的消费产业研究者黄海老师说过他自己的例子，他在得到做了一门中国消费报告的课程，课程里提到了三个非上市公司案例，这三家企业里只有一个是他自己投资的案例，有一手资料。另外两家是因为他长期跟踪行业，所以认识了很多业内人士，这些信息光看公开信息，是无法写出这些案例的。

具备增量思维，在信息输入环节提升效率，能让你在转型过程中更加快速地掌握新领域的核心知识。

第二，在处理和转化环节，串连问题和知识，建立自己的知识体系。

进入一个新领域想要站稳脚跟、扩大自身影响力，光输入信息不够，还需要把这些核心知识内化成自己的东西，这就需要构建自己的知识体系。

构建知识体系没有很多人想象得那么复杂，分享一个最简单的方法："知识向问题靠，问题向知识靠"。

比如，当你学习一个新观点，可以问自己："我遇到的哪些现象可以用这个理论解释？"或者在遇到问题时，回到自己积累的知识框架里去思考和找答案，这样刻意练习一段时间，你就会发现自己可以触类旁通地串连很多知识，解决很多问题。

我自己这几年的成长速度也得益于用学习力推动和优化迭代项目。比如，我会围绕"知识、技能、态度"把自己关于"HR

工作技能、培训师技能、咨询师技能、写作技能"等话题整理成一个知识体系（如图 4-2 所示）。

图　4-2

当这样的知识系统梳理多了，彼此之间就可以迁移运用，作为一名知识工作者，这样做的好处还在于可以主动进行拓展性学科的系统学习，定期梳理自己的专业知识结构，完善理论框架，让自己能够尽快在新领域站稳脚跟。

第三，在输出环节，把学习成果转换为影响力。

职场中很多有上进心的人会把"成长"挂在嘴边，但真正成长的评价标准不是心理感受，而是"市场评价"，就是有一天把自己的技能放到市场上，甚至开一家公司卖你的技能，能卖多少钱，这才是衡量成长结果的最高境界。

所以，IPO 中说的输出不是简单的讲或写，重点在于价值和影响，你能替谁解决什么问题，这个才是市场所需要的价值，才能给你带来真正的影响力。

我们可以给自己主动创造一个有大量学习触点的环境，从而在这个环境中公开承诺、收集反馈、持续展示。

以我自己为例，我转型成为培训师后，创建了好几个微信学习社群，我们做好的线上课程产品会在学习社群里做内部测试，收集反馈；同时我们还在训练营的学员中把有潜力的学员发展成训练营的助教，甚至是未来事业的合作伙伴。

这种联盟协调的结果不仅让合作势能更大，也为我们带来了更多交流和合作的机会，例如，我们社群伙伴是某个企业大学的负责人，听了我们课程后主动寻求合作，通过这次合作，我们找到了切入企业需求更好的视角。

"输出——形成产品——获取反馈——展示连接——放大价值"，我们就是在这样输出和展示过程中不断优化客户体验，形成产品的正向循环。

你以为高手能转型成功是因为比普通人付出更多努力，真相是他们在极致行动的前提下承担责任，再用强大的学习能力保持持续增长和持续发展。

《被讨厌的勇气》一书中提到：人只有在体会到'我对共同体有用'的时候，才能感觉到自己的价值，人只有在感觉自己有价值的时候才能有勇气。

愿你拥有这样的勇气和底气。

第四节　开启斜杠生涯，提前体验新世界

我从企业离开后，经常有人问我："同样是离开企业自己单干，为什么很多人两年还没找到自己的方向，你却从第一年开始就干得风生水起？"

答案很简单。我准备离开并全情投入这一天已经提前储备了好几年，这个储备的过程让我能快速度过转型的适应期。我也建议每一个打算转型的职场人，合理利用斜杠提前体验、进入新世界。

一、为什么要用斜杠提前体验新世界

先要说明一点，主业没做明白且生存堪忧的人不建议斜杠，因为工作不会因为换个领域变得简单，能力不会因为换个老板迅速提升，通常只会更难、更乱。另外，如果你已经很清晰知道自己要什么，且已经全情投入工作也不需要斜杠。**正式转型前做斜杠的意义在于探索自己的兴趣、通过刻意练习实现能力边界的拓展，如果你已经找到了自己既喜欢、又能不断满足自己的好奇心，专注去做就好了。**

1. 斜杠可以帮我们排除"伪兴趣"

我辅导过很多想要转型的人，他们心中充满了各种各样、无限可能的幻想。比如："我想探索全新的生活方式""我想让自己活得更有趣""我想'成为更好的自己'。"这些都是方向不是选项。有一次，我让一个客户列出她想要尝试和探索的选项时，她列了7个，分别是：乐队吉他手、活动主持人、培训师、心理咨询师、房产投资顾问、花艺师、咖啡师。

于是我问她："你真正可以行动起来去尝试的有哪些？"就这么一个问题，让选项只剩下培训师和心理咨询师了，并且她在第二周已经开始了培训师课程的学习，而在这之前她在脑子里已

经实施了快一年的"想象行动"。

一个人的兴趣是多元的，甚至还可以幻想，但行动是实实在在的，很多人对于转型之所以一直停留在想象阶段而从来没有付出过实践，就是因为没有一个真实的项目去逼着自己行动一次。

2. 斜杠可以帮助我们试错和调整方向

很多人以为转型是一条只要确定了方向就可以顺利走下去的路径，但这属于非常低概率的事件；绝大部分人的转型都需要试错很多个选项，然后才能找到那个让自己决心长期投入下去的领域或岗位。这个过程，如果能先启动小范围的临时项目的话，会帮助我们减少很多试错成本。

我在正式做职业教练和职业生涯培训师之前，尝试过的斜杠事情有：面试辅导、演讲教练、项目顾问，但后来我发现这些事情并不是自己真正的热爱。直到我去讲授职业规划和软技能课程时，我才觉得这是一个自己可以长期投入的方向，前面的斜杠项目就帮我规避了盲目全职投入去做那些事情的风险。

3. 斜杠给了我们转型的勇气

很多职场人转型进入新领域时，总会去对标那些自媒体上宣传的牛人故事：一个人当年如何抛弃原来的事业，义无反顾地投入新事业，最后历经千辛万苦取得成功。但后来我接触了很多转型成功的人，才发现媒体宣传大多是为了迎合读者的口味断章取义，没有把真相进行还原。

比如，古典老师正式离开新东方之前，先是去学习了教练技术，然后利用业余时间讲授职业规划的课程，还一边写书，后来才逐步转型成立了新精英生涯这家机构。

苹果公司的联合创始人史蒂夫·盖瑞·沃兹尼亚克，在苹果公司创业早期，一直在惠普公司担任工程师，他甚至还纠结过是否要离开惠普，为苹果专职工作。后来一直到第二年，他才决心辞职全心投入。

拉里·佩奇和谢尔盖·布林在1996年就创造了谷歌的前身，但到1998年他们才离开斯坦福，这期间还曾经因为搞谷歌太花时间，担心自己博士毕不了业，差点儿把它卖了，幸亏买家最后拒绝了。

而我从开始尝试斜杠、积累个人品牌到真正离开企业开创自己的事业也走过了3年，这段斜杠时光给了我很大的勇气和底气让我最终突破恐惧，实现转型。

一个人转变职业赛道需要勇气但不是莽夫之勇，研究表明，那些开始创业还继续保留自己全职工作的人比一脑门子扎进去的人成功率要高 33%，因为一定程度的安全感能带给我们创造和选择的自由。

二、如何开始斜杠生涯，体验新世界

1. 投资自己的兴趣爱好

在企业做 HR 那会我想做培训师，于是我就找到了头马俱乐部，开始系统学习演讲。每周除了参会的 2 小时外，我还读演讲方面的书、请教演讲达人。事实证明，在俱乐部练习的这几年，不论是对日后我在公司扩大影响力，还是后来转型做培训师都起了很大的帮助作用。

事实上，我的第一份挣钱的斜杠工作就是给一家自主招生的辅导机构做面试演讲辅导培训。所以，如果要拓展自己的兴趣，把兴趣发展成斜杠事业，你可以从现在开始系统地学习，提升相关技能，尽早输出，精进技能。

2. 利用现有岗位拓展工作范围

对于绝大部分的职场人来说，斜杠生涯的开启可以从现有的岗位开始。当我起心动念想要从 HRBP（人力资源业务伙伴）转型去做培训师时，第一件事就是去跟老板沟通了我的想法和对于未来职业发展的规划。没想到老板跟我说："原来你有这样的想法，正好公司的企业大学想要在中国区认证通用课程的讲师，我可以给你写推荐。"

就这样，我给自己争取了在岗位上拓展自己职业技能的机会。后来，转型到人才管理岗位后，为了提升自己的授课技能，我主动给员工每年开设至少两门自己设计的课程，来锻炼课程设计和呈现能力，为日后的顺利转型奠定基础。

3. 刻意修炼能通向未来的可迁移技能

提到斜杠，有很多职场人都困惑，为什么这个年头斜杠会和精英这个词联系在一起，难道我不做斜杠就不是精英了吗？这个问题是一个很好的思考题，那就是什么是职场精英？

在我来看，任何领域的职场精英都符合以下三个条件：

对于自己要投身和追求的事业目标清晰且坚定。

愿意付出时间和精力提升该事业目标所需要的能力。

当下的选择能助力于长远目标的实现，也就是能带你去你期待的未来。

所以，斜杠不是为了去做很多事情，真正的斜杠人生是在刻意练习后能力边界的一种自然延伸，而要实现这样状态的前提是学会刻意练习可以迁移到任何一个领域的技能。

所以，我鼓励那些思考转型的伙伴对比一下你现在的岗位和你想要转型的岗位需要的专业技能、可迁移使用的通用技能（比如思考、学习、表达能力等），以及行业知识积累和资源，然后看看自己可以通过斜杠项目开始哪些具体技能的刻意练习。

关于刻意练习的具体方法，我总结了曾经在演讲俱乐部的经验，给大家分享四个要点：

有目的的练习。每一个加入到头马俱乐部的会员都会领到一本练习的册子，册子上有不同阶段要修炼的演讲能力对应的技能要求，按照要求进行有目的的练习。

专注。刻意练习的前提就是精进，专注于一个技能，然后去研究和琢磨每一个细节技能点上可以提升和改进的地方，比如在我们的练习手册里，光是如何提升演讲中的幽默元素就用了一本专门的书来讲解。

即时获得反馈，最好有个教练。俱乐部会员每一次的演讲都会有一个评估员在你演讲结束之后，按照手册的技能点要求给反馈，这才是技能提升最快的秘诀。如果一门课程让你有一个随身教练针对你的技能提出改进意见，这样的机会千万不要错过。

不断挑战自己，走出舒适区。在俱乐部里，每个季度我们都会设置俱乐部比赛、大区比赛、全国比赛，每年还会有一次全球性质的演讲比赛。会员们要挑战自己和快速提升演讲能力的最好方法就是参加比赛，在不断挑战中提升自己的能力。

比如，如果你原来是公司市场部的分析或者策划人员，你想要转型到咨询公司做项目顾问，市场分析人员需要很强的分析和策划能力，顾问也需要很强的案例分析和快速形成方案的结构化思维能力。所以你可以把这项技能列为一个刻意练习的技能，通过一些临时的项目和不断寻求反馈开始练习起来，等到真正要转型那天，你会发现自己的能力可以很快赶上很多专业的同行。

在转型过程中，利用斜杠来开启新事业就像是用最小可运行产品和首批用户来验证产品战略是否可行一样，我们可以在这个过程中规避掉盲目转型的风险，也能在这个过程中完成早期种子用户和可迁移技能的培养。

为了让你能够更加顺利找到一些临时项目，我列了一些不同类别的共享经济平台供参考：

知识服务类：

在行：行家指路，少走弯路

知乎/LIVE：与世界分享你的知识、经验和见解

分答/喜马拉雅：实用生活智库

技能服务：

实现：按需供应程序员设计师产品经理

由我：找走心的公关、营销专家

猪八戒：找专业的人，做专业的事

一品威客：创意服务交易平台

转型的过程是一个不断聚焦，活出自我的过程。开启斜杠生涯，提前体验新世界有助于你最终选对合适的方向。

第一节　穿透黄金圈，真正开启升级人生

英雄之旅 EPIC 模型的最后一步是"升级"，我在构思"升级"这个词的时候，盘旋在脑海中的一个问题是："你第一次感觉自己的人生真正升级了是在什么时候？"答案其实很简单，就是我开始学会问"为什么"的时候。

每当我遇到困难、忙到飞起时，我会停下来问问自己："为什么要做这件事？"当想清楚自己做一件事情的底层动力，就会跳出原有的困境，发现新思路，收获新力量。

这个习惯得益于一个思维工具，叫作"黄金圈法则"（如图 5-1 所示）。

黄金圈法则是营销专家西蒙·斯涅克提出的，西蒙在 TED 上有一篇演讲，叫作"伟大的领袖如何激励行动"，西蒙也正是因为这篇演讲和他提出的"黄金圈法则"闻名世界，到现在这篇演讲在 TED 的观看次数都能排进前 10。

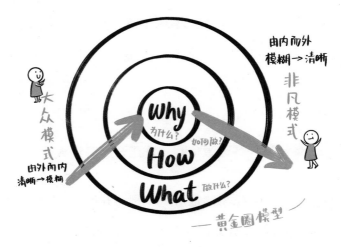

图 5-1

黄金圈法则的核心思想是：普通人思考问题的顺序是先着眼于"What"层面的表象（是什么，是具体的事情），再到"How"层面（怎么做，也就是方法），最后是少量的"Why"（为什么做，看重的意义和价值）。而优秀的人都是能对"Why"层面进行深度思考，他们的"What"和"How"是在"Why"思考清楚之后的副产品。

举个例子，普通公司卖电脑的推销台词是："我们的电脑功能丰富，很有特色（What）；我们拥有优秀的人才队伍、高端的科技技术（How）；我们做出的电脑能给你带来高效率的生活（Why）。"

但苹果公司会怎么卖他们的电脑呢？

乔布斯会说："我们所做的每件事情，都是为了突破和创新，我们坚信应该以不同的方式来思考。"这是苹果公司深层次的信念，就是"Why"的部分。

"为了坚守我们的信念，我们不断挑战现状，我们把产品设计得使用简单、界面友好。"这是他们如何做到的，就是"How"的部分。

"我们只是在坚守信念的过程中做出了最棒的电脑，你想买一台吗？"最后把要呈现的东西是什么告诉你，就是"What"的部分。

如果你是消费者，你更会被谁打动？我想答案应该很明显。

从"黄金圈"到"穿透黄金圈"。

西蒙说，非凡的领导者之所以卓越，是因为他们习惯从"Why"开始。但究竟什么是"Why"呢？

"Why"就是你的信念。

一个人的信念是从哪里来呢？一开始我们就能想清楚自己的信念吗？

经过不断的观察和思考，我发现普通职场人最终能取得高绩效的原因，其实也是从表层的"What"和惯常的"How"中不断实践、思考，从而真正得出"Why"的。

　　但是，不同之处在于，他们比大部分人多走了几步，他们会在平时工作实践基础上不断向外探索，向内反思，进而一步步形成自己的信念（自己的"Why"）。这时他会更主动去考虑外界的需求，也就是他人的"Why"，当二者逐渐融合就会给一个人带来更多勇气和坚定，从而去尝试创造性的做法，主动构建自己的作品和意义，最终呈现出不一样的生命状态。

　　于是，我按照自己的理解对黄金圈法则进行了创新，形成了独创的"穿透黄金圈"的思维模型（如图 5-2 所示）。我认为一个职场人从被动依赖成长为独立自主，充满创造力的状态正是这样一个穿越黄金圈的过程，也是不断自我升级和超越的过程。

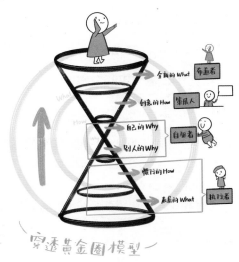

图　5-2

一、从表层到中间层："执行者"到"自驱者"

我发现自己的职业发展路径，其实也是一层一层地逐步"穿透黄金圈"的过程。

我一开始的职业岗位是在企业做 HRBP（人力资源业务伙伴）工作，刚开始工作一切事情都是新鲜的，所以充满动力，领导交代的任务和跨部门的活动都积极参与，遇到不懂的事情会虚心请教，按照前辈的指导建议去交付工作结果。时间一长，工作内容驾轻就熟，每天各种忙碌，但能感觉自己内心的动力不足，自己也很少主动去思考到底在岗位上还能做出一些什么新的事情来，或者即使有想法，行动也没有跟上。

直到后来，我把自己在职业发展上的困惑写成演讲稿，在演讲俱乐部分享后，有人给我推荐了职业生涯规划这门课，我了解到职业发展的根本是要去探索和实践自己的优势，于是我开启了自我驱动的行动之路。

一方面，我开始不断思考和总结自身的能力优势，比如在技能方面，我在工作中积累了以下技能：时间管理、咨询、课程开发和设计、沟通、演讲、分析、写作、辅导、授权、决策、英文交流、中英文翻译、办公软件操作、团队领导力、项目管理等；在性格特质方面，我具备敏锐、洞察、真诚、爱学习、乐于分享、感染力、积极乐观等特质。再加上多年的企业人力资源从业背景，都是我的独特优势。

另外一面，我也开始主动去思考企业人才管理面临的问题，注意，这里不再是被动接受领导的指令，而是我从实际问题出发去主动思考他人的"Why"，于是我列出了在企业里的职场人和组织的一些需求点：

1. 人才的发展需求

能力问题。我如何提高沟通表达、深度思考、情绪管理、协作商谈、人脉构筑等能力？

方向问题。我的优势是什么？如何找到能发挥我优势的平台？我的长期职业目标是什么？有没有值得我投入一生的事业？

2. 企业的发展需求

如何有效激励员工，让其快速融入企业，留下来长期为企业服务？

如何高效培养人才使其获得成长，从而也提高公司的绩效，实现双赢？

如何帮助员工进行职业中期的转型或升级，为下一阶段的战略目标实现做好准备？

思考过程中我还发现随着互联网对于行业革新以及商业环境的影响，组织在人才管理和激励方面发生了很大的变化，新趋势和新需求开始出现。在这个过程中，我也一直在探索自己的信念（就是自己的"Why"）：我发现自己真正享受的事情是把有价值的知识和观点分享出去，帮助到他人，每次帮助一个迷茫焦虑的职场人找到自己的方向并行动起来，那种成就感给我带来很大的乐趣。

于是，我在这两者结合的基础上写下了自己的使命和愿景：用生涯规划和成长技术帮助企业和人才构建共赢的生态圈，把人连接在一起，用学习和成长的方式给他们赋能。

当这个愿景越来越清晰时，我就开始从一个被动执行的角色过渡到自我管理、自我驱动的角色，很多工作上的问题和挑战我愿意多做一步，并不是因为有人推着我去做，而是出于对问题本身的好奇驱使我往前。

二、从中间层到创意的"how"："自驱者"到"策展人"

在热情和问题的驱动下，我的实践和研究越来越多，信念也越来越坚定。这样的信念让我产生了一股内生的力量推动着我不断去行动。我开始像一个"策展人"一样，去策划和创造很多新的事情，比如，我给自己的目标里增加了以下的事情：

梳理自己在助人和职业规划方面的知识结构，并进行相关学科拓展学习。

开通微信公众号写职场文章，增强在行业里的影响力。

自费去美国参加全球学习发展年会，开阔视野，跟行业里顶尖的人才学习。

学习教练课程，进一步提升助人的专业技术，拓展人脉圈。

成为新精英的讲师，讲授生涯规划课程，在实践中不断提炼和优化理论。

在"在行"开设职业转型的话题，积累案例，帮助到更多职场中迷茫的人。

开办职场核心竞争力读书训练营。

写一本书。

……

有了这些策划出来的目标，我开始一边行动一边进行阶段性的复盘和总结，指导接下来的行动方向。

三、从创意的"how"到全新的"what"："策展人"到"布道者"

知名的趋势研究专家丹尼尔·平克在他的《全新销售》一书

中写道："在这个时代，人人都是销售，每个人每小时有 24 分钟用来打动他人；销售，不只是卖东西，而是人的天性，即打动并影响他人的说服力。"

行动和反思越多，我对丹尼尔·平克这句话越认同，虽然我没有去做直接的销售工作，但我通过行动反思，进而把我做的事情总结和分享出来，其实就是在影响他人，销售自己。

我把自己做出转变的过程写成故事在课堂上讲给其他人听，还把这些分享变成文字放在公众号上，传播给更多的人，很多读者留言说这些文字给他们带来很大的前行动力。

这些年的自我探索和转型辅导让我有一个很深的感悟："当我们遇到困难、想懈怠的时候，不妨回到自己的'Why'，重温初心和信念，就能找到力量。"

2019 年 3 月，我刚开始做线上内容产品时，做了一个"职场核心竞争力"读书训练营，这款产品无论从时间周期、内容安排都很不符合流行的知识付费产品的趋势。比如很多人的线上付费课程要求是时间短、见效快，这样才能快速变现。但是我们的训练营是 7 个月的时间，带着大家深度阅读 14 本书，每个人被要求写读书笔记，我自己则要围绕每本书做一场领读直播，写两篇原创文章。

有很多次准备直播课都是在候机的间隙、通勤途中的出租车上完成的，支撑我坚持做下来的，就是我的信念：我希望把有价值的知识和观点分享给更多的职场人，我也坚信，真正的成长，是一件需要时间和耐心的事情。做训练营变现确实重要，但对我而言，"传播分享"和"帮助他人"是更底层的热情和动力。想明白了这点，我就不会在备课时纠结我少挣了多少钱，而是安静地坚持自己内心的声音，坚定地朝着自己要的方向成长。

事后证明，我们的坚持带来了更长期的价值，这次训练营不仅获得了参与学员的好评；核心内容还被一家企业大学采购并放到他们的平台上开放给数千万的听众收听；沉淀下来的内容也为我们职场线上训练营打下了基础，让我们在疫情到来时从容地进行了业务模式的转型。

讲故事重要的不是公式、模板和套路，关键是你在践行过程中对这个世界的理解，以及与世界交互中独特的烙印。一个能身体力行去讲故事的人，势必也是人群者的影响者、领导者。

一个人从被动的"执行者"成长为"自驱者"再到"策展人"，最后变成一个"布道者"把自己身体力行的故事讲出来，这个穿透黄金圈的过程就是我们不断升级打怪，实现跃迁的过程。

一个真正升级的人生是能随时随地想清楚自己为什么要做一件事，用坚定的人生信条来指引自己的行为，不断在自主、自驱的前提下，对所做的事情注入热情、心血，从而成就每一段人生旅程，外表柔软、内心硬气地过一生。

第二节　成为自我雇用者，拿回对职业的掌控感

2020 年初因为疫情，部分企业开始裁员或降薪，作为一名职业规划师我接到很多职业咨询的求助。这些求助者中甚至有很多在之前的公司里已经是高管，但是随着年纪增长，给予他们的机会和薪资不如过往，他们很苦恼，不知道如何定位自己、找到匹配的工作。在我来看，这次疫情对于职场人在发展中的影响，绝不仅仅是换一份工作就能简单应对的，我们的职业观念和面对未来职业规划的策略要彻底进行转变。

一、我们究竟面临怎样的职场

1. 传统的"职业阶梯"变为"职业网格化"（如图 5-3 所示）

在过去的职业发展体系里，绝大多数员工的职业生涯是按照固定的线性增长来发展的，大家的奋斗方向和目标都是"爬梯子"，路径是专员——主管——经理——总监——合伙人，一个

人只要在某个职能领域向上爬，沿途提升相关的专业知识或管理能力就行，不需要太多方向上的思考和转变。

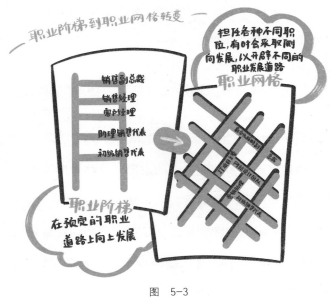

图 5-3

（图片来自《哈佛商业评论》）

今天的职场，很多企业的组织架构变成了基于项目灵活组成的敏捷式团队，"职业网格化"也成为职场人发展中不可避免的趋势。在"职业网格"中，很多岗位没有固定的职业发展道路，四处充满着各种可能性。随着个人技能的不断拓展和更新，你可能会进行纵向或横向发展，有时甚至因为看好某个新的方向要主动选择降职降薪去换取未来的机会。

过去，想要在一家企业获得职业发展，我们的关注点在于："我在公司能否获得晋升机会？公司今年效益怎样，我能不能获得涨薪？我的职权范围能不能被扩大？公司有没有让我调动的机会？"但在今天，我们更要关注的是自己的能力优势、个人品牌以及行业发展趋势和走向，因为这决定了我们在市场上的竞争力和潜在的机会。

2. 传统雇佣模式转向合作共赢模式

《未来的工作：传统雇佣时代的终结》一书描述了未来工作的 4 个趋势：引领工作而不是管理员工；自由职业者增多；外包和合作伙伴模式增多；人力资源平台优化。

怎么理解这些趋势呢？

举个例子。美国的一家基因测序公司遇到了一个难题："如何管理自己的海量数据库？"自己公司的员工，要么没有额外的时间，要么没有相应的技术，但这个问题不解决，公司的发展就会受到极大的阻碍。最后，管理者想到了一个办法，到"编程大师网"去寻求帮助。这个网站是一个很松散的组织，上面有很多注册过的程序员，网站在接到其他公司的需求后发布任务，通过竞赛的方式，吸引很多人来参加，到最后谁的解决方案最完美，谁就可以获胜并拿到这次任务的奖励。后来，公司的数据库管理问题也用这样的方式迅速完美地解决了，比传统的招聘人才和技能培训要有效率得多。

你可以看到，不管是不是他们公司的员工，只要是能够解决问题的人，都可以想办法进行合作。这样的趋势发展下去，公司会越来越不需要无法提供核心价值的员工，随着各大人力资源平台的优化，会给具有一技之长的自由职业者更多的机会，未来会发展出很多自由工作者的平台，这些平台就像一个任务发布广告栏一样，帮助雇主和自由工作者之间进行匹配。

国外有自由工作者之家、Upwork之类的网站，国内也有像威客、猪八戒网等平台，上面会发布具体的任务和要求，你可以根据自己的能力去匹配，做完之后，经过对方验收，获得报酬。此外，他们还主动设立了各种机制，让雇主和工作者能又快又精确地进行匹配，例如上面说到的基因测序公司就采用了众包竞赛机制，从而快速地拿到解决方案。

所以，企业精简人员、提升效率会成为变化时代下的必然趋势，疫情只是把这种趋势提前和加速了而已。职场人如果不转变观念，依然寄希望于传统的职业发展路径，对趋势和变化视而不见，即使是换了一家公司，也会很快再次陷入焦虑和迷茫中，解决不了根本问题。

面对变化和未来的趋势，我们如何拿回对职业的掌控感呢？答案是让自己成为一个"自我雇用"的人。

二、什么是职场的"自我雇用者"

著名管理哲学家查尔斯·汉迪在他的《大象与跳蚤》一书中提过一个非常具有前瞻性的问题："如果你40岁时，不得不永远告别自己的工作，以一己之力创立一家公司，你会怎么做？"

这不是鼓励人人都去开公司创业，但你需要让自己拥有"创业者"的心态，去思考自己的日常工作以及你为什么样的客户解决什么问题、创造出什么价值，从而让自己成为一个可以独立工作，随时灵活应对市场变化的职场人。

当你拥有了可以随时服务于各个平台的核心技能，你就可以不隶属于任何组织，但却可以用你的一技之长跟很多组织进行合作和交易，你的职场价值也不仅仅依附于某个岗位，而是围绕在"为特定用户创造价值"这条主线上。

三、自我雇用者要修炼哪些能力

在未来的职业网格化和雇用模式变化的情况下，想要在职业中自我实现的人，需要培养以下几个能力让自己能够随时实现自

我雇用：

1. 建立多元优质的信息渠道，让自己对变化和趋势保持敏感

据我观察，那些职场中遇到瓶颈的人大多有一个特点：获取信息的渠道单一，对外界和行业变化不敏感，很少主动拓展其他圈子的朋友。一旦变化的事情发生在自己或者周围人身上，他们才会清醒地看到这些变化对于自己的影响。比如这次疫情期间的裁员潮，不是哪一家企业组织架构的调整，而是一场职业变革的起点，如果你能提前意识到，进而进行相应的储备和提升，就会在这样的变化下占据主动。

如何保持自己的多元化、高质量的信息渠道？

离开企业后，我以"职场观察员"的身份受邀参加了不少机构的会议和分享，我会通过各个渠道来获取多元、前沿的行业和职场信息，同时我按照分类整理了我对于未来工作类型研究的渠道路径，包括网站、书面材料、会议、讲座以及行业内高手的交流（见表5-1）：

除了建立起多元优质的信息渠道外，还可以在吸收信息的过程中用未来视角思考以下问题，这会让我们对变化和趋势保持敏感。

表　5-1

渠道	详细资料
网站（用得少）	• 国内：知网、刘未鹏（Mindhack）、专案管理生活思维、三茅 HR 网站； • 国外：MindManager、Personal Development for Smart People、Learning Solutions、Training Station；
书面材料	• 书籍：按作者或能力分类查询的各类成长 / 商业 / 学习方法类书籍； • 杂志 / 专栏：《培训》杂志、《哈佛商业评论》、职场和成长类微信公众号
会议	• 国内：中国人力资源趋势峰会、学习发展年会、培训杂志年会； • 国外：ATD 年会、各种细分领域的峰会
讲座	• 行业内讲座、一席、得到、果壳万有青年演讲、TEDx；
行业内高手的交流（用得多）	• 结识渠道：在行、出版社专家会、公益项目、平台合作； • 可提供的帮助：个案咨询、转型问诊、资源连接、企业培训、线上课程直播

这些信息会对我的职业带来什么影响？我需要学习什么新技能？从工作发展方向上来说，改变是否会让自己处于更有利或更不利的状态？

现有工作中，我愿意继续做哪部分工作？哪部分工作需要更多的技能？

我愿意尝试哪些新的活动或岗位？可以利用哪些发展机会？

我的短期职业发展目标是什么？我希望自己在 6 ~ 12 个月时间里取得哪些成绩？

为实现短期目标，我需要寻求哪方面的支持（如培训、人员、时间或薪酬）？

2. 提炼优势，修炼和打造可迁移技能

越是外界环境不可控，就越要修炼自己能把控的东西，变化时代中一个人的职业"护城河"就是可迁移的核心能力。

举个例子，你认为行政工作和研发工程师这两个职业，哪个更有竞争力？大部分人可能会选择研发工程师。

但如果情况是这样呢？

一家公司的行政，能在一个月搞定四十多个国家、七十多个城市一千多封签证邀请函，还不耽误日常工作；另外，她还能把这些经验提炼成方法，通过平台分享给新人，让后来的人少走弯路。而同一家公司的研发工程师，除了能完成手头工作，对自己专业领域的技术和趋势完全不研究，不知道自己的优势，几乎从来不和圈外人打交道。

这两个人谁更有竞争力？我想很多人会选择前者。因为她可以将自己的思考力、学习力、展示力和资源协调能力随时迁移到新领域获得机会。

未来是专业化生存的时代，你对自己的优势认知越清晰，并在做事的过程中不断刻意修炼强化，才拥有核心竞争力。

如何思考和提炼我们的优势技能呢？

首先，你可以试着去回忆过去工作和生活中的一些成就故事，比如别人经常咨询你的问题、对你的夸赞以及你做的事有超预期的结果。成就故事可以是一件很小的事情，你甚至可以翻看自己的备忘录、相册、聊天记录等，或者以项目、重要活动为一个数据节点进行回忆。

有人可能会觉得想不出什么成就故事，那是因为平时我们都在关注自己的缺点和不足，而对于自己表现得好的方面经常觉得是理所当然。比如，我之前给一个姑娘做咨询，当我们在做优势探寻的时候，她说不知道自己的优势是什么。但在她讲述的过程中我注意到一个细节，她说她的前任领导跟新任领导交接时，向新任领导评价她的复盘能力很强，她就因为这句话获得新任领导的重视并得到了一个机会。当她不经意说到这件事的时候，我欣喜地说："这就是你的优势所在啊！"但是她的反应是"啊，这也算优势吗？我只觉得是自己运气好而已。"

其次，经常思考以下的问题，尝试用书面记录和回答，也对你觉察自己的优势有很好的帮助作用。

在他人眼中你的优势是什么？你有什么成功案例为此做支撑？

你最擅长的五项技能是什么？在你最擅长的技能中，你最喜

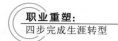

欢使用哪几项？

要在工作中有所发展、晋级或寻求新的工作，你最需要学习的 2 ~ 3 项技能是什么？

你所掌握的可迁移技能有哪些？

3. 给时间定价，学会主动投资时间

企业雇佣一个人本质上是雇佣他的时间，日本证券研究专家松冈真宏在《未来时间使用手册》这本书中提出了"时间资本"这个概念，如果从经济学的角度去理解时间，一个自雇用的职场人要学会给自己的时间定价，并且学会创造性地使用时间，并创造更大的价值。

职场中绝大部分的选择，归根到底是对时间的认知和选择，给自己的时间定价，就是把"不确定性的时间"换成"确定性的金钱"，让自己对时间更加敏感。同时给时间定价是一种态度，提醒自己珍惜时间，也提醒别人珍惜你的时间。

你算过自己的一小时值多少钱吗？

你可以按照公式试着计算一下：年薪 ÷251 个工作日 ÷8 小时

如果你的年薪是 200,000 元，那么一小时大概就是 100 元。

当计算出你一小时值多少钱之后，你在一些事情上就可以

做出更加明智的选择了，比如，你要参加一场面试，可以自己看书、搜索面试技巧；也可以选择花300元去在行给自己约一个时薪1000元的专家，这样你花了100元的时薪加300元的费用，但是撬动的是一个专家1000元的时薪，节省了自己几个小时的时间来摸索，没准还能跟专家成为朋友，进入更加优秀的圈子。这就是"时间投资人"的做法。

当一天结束时，回顾并分析当日的时间花费情况，评估自己每一份时间投资，看看哪些是合理花费，哪些是不合理花费，然后在时间花费上思考如何改进不断提升自己的时间投资能力。

当今的职场如逆水行舟，不进则退，用自我雇用者的心态和视角来经营我们的职场，才能拿回职业掌控感。

第三节　打造作品：活出人生意义的最好方式

很多转型客户在谈到自己为什么要放弃稳定舒适的生活，选择转型从零开始时，都会说："我想活出生命更多的可能，实现人生的意义。"

什么是人生的意义？

英国的一个记者说过："你的人生，不过是你曾专注的所有事情的总和。"这几年因为自己经历职业转型、离开大企业开始创业，越来越体会到这句话说得真是到位。我们活出人生意义的过程就是不断向内生长、向外展示的过程。向内生长形成奋斗的动力、向外展示形成外在的拉力，内外联动，不断循环，持续向前，活出人生真实的意义。

如何实现这样的状态呢？答案就是用策展思维来打造你的"作品"。

一、什么是策展思维

策展的原意是指在画廊、艺术展览活动中的构思和组织。专业的策展人从展览的主题设定、展览作品选定，到展品如何布置安排，再到展览的执行都要全部负责。策展人把展览当作一种媒介形式，把自己以及参展人的观点表达出来，去创造出一个人与作品、人与人之间的自由交流的"场"。

我在加拿大的一名培训师兼作家 Jache Harold 那里第一次听到有人把"策展"的概念用在知识管理领域，他认为现代社会具有不可避免的知识碎片化的趋势，每个领域都需要"知识策展人"。这些"知识策展人"就是把自己能找到的有趣的、重要的且相关的知识内容用容易理解的形式提供给特定的人群，并且给这些知识内容赋予意义和价值。

二、策展思维对我们的职业发展有什么帮助

1. 策展的"作品"让我们产生更多动力

我们毕业写简历时，在自我评价一栏，往往都不知道写什么，于是大多数人都会写上自己的学习能力强等。但一旦面试官问你如何证明自己学习能力强的时候，又很难拿出显性的结果来加以说明。所以如果你能在人生各个阶段都给自己设定一些清晰的目标，做出成果，形成可以交付给特定对象的"作品"，对内能让自己产生更多动力，对外也可以节省解释成本，提高沟通效率。

以我自己为例，我在 2015 年底听到 Jache Harold 的课程，受到他的启发，我开始尝试在自己的领域践行策展的方法：我把每天看到听到的关于个人成长、职业发展方面有启发的故事、案例和观点，策划成系列主题，然后在朋友圈和其他媒体平台上发表文章，做成线上分享的内容，然后慢慢就有了"舒祺聊职场"这个公众号的诞生。

写的文章多了之后，我把这些文章按照系列话题做了分类，在每年的春节给职场人做成一本"职场宝典"，很多人读了文章后反馈说收获很大，他们原以为自己作为一名老员工，混混日子

差不多了，看了文章才知道人生是可以持续成长的，然后积极面对工作，年底居然被升职加薪了。每当我收到学员这样的反馈后，就更有动力去写文章、做分享了。

2. 未来属于能创造意义的分享高手

Jache Harold 用"分享"和"意义制造"这两个维度把一个人在成长过程中扮演的角色分成了四种（如图 5-4 所示）。

图　5-4

（1）消费者

知识的"消费者"在分享意愿和输出有价值信息上都很被动。今天各种各样的搜索引擎、自媒体、问答网站、知识付费平台让信息的获取和输出都变得非常便利。但"输入"和"输出"的端口齐全并不意味着"价值转换"的过程也轻而易举。真正要把外界搜索到的信息转化为自己内化和能应用的知识不是一件容易的事情。如果在面对众多信息时不知道如何进行分类、分析、给信息赋予意义和价值，就只能扮演着"知识的消费者"的角色。

（2）连接者

连接者是网络上善于经营和利用资源的一群人。稍微留心的话就会发现我们身边总有这样一群人：他们会经常发布一些领域里的好文章、新观点；他们活跃在不同的社群里，甚至自己本身就是连接活动的组织者。这类朋友我把他们叫作"资源型朋友"。

（3）专家

传统的专家在各自的细分领域有很高的权威和话语权。互联网时代，传统专家的权威意见不断被挑战。举个例子：现在一些患重大疾病的人或病人家属，因为自身有着很强的信息搜集能力，而且比医生有更大的动力进行相关研究，于是开个公众号去传播和分享相关知识和信息，有些人甚至能比医生和专家获得更高的支持和影响力。

我甚至认为随着"知识的无边界化"，未来的专家将是一群愿意持续钻研现实问题，以及通过价值分享去连接更多圈子的普

通人。

（4）促进者

促进者是随着网络时代发展，个体自由成长的最终目标。他们既有自己在特定领域的专业性，是更高意义和价值信息的制造者，同时又懂得经营网络和人脉，在合适的时候找到对的平台把自己的价值兑换出来。

促进者把学习—职业—创造—奉献形成正向循环，从而实现个人潜能的最大化。现实中最直接的例子就是 TED 演讲网站上的演讲者，每一个被选上的讲者都有自己的故事，这些故事本身就是他们经历、研究和学术的积累与总结，同时他们又通过让人理解的方式传递自己的价值，影响更多的人。

3. 策展思维让平淡的生活变得专注而有意义

现代社会我们面临各种各样的选择和诱惑，但能在这样的信息洪流中依然保持坚定清晰方向的人并不多，这就需要我们能用"创作人生作品"的方式和态度去思考并做出选择，从而让我们的生活和工作变得专注而富有意义。

当我们给自己策划了一个小作品时，一方面，我们用行动把这些"作品"做出来；另一方面，我们用讲故事的方式把"作品"展示出去。从而主动搭建自己的价值网和人脉圈，不断积累自己的个人品牌，吸引更多优秀的人同行，这本身就是创造人生意义的过程。

三、如何用策展思维创作人生的作品

创作作品没有我们想象的那么难，你只需做好以下三件事：公开承诺计划、尝试新方法、阶段性成果复盘。

1. 公开承诺计划

任何的"策展"都可以从公开承诺一个计划开始，比如罗振宇老师在罗辑思维公众号上做的"每天 60 秒语音"，以及在得到成立后宣布"2020 年跨年演讲"等。

2020 年初，腾讯公司的"视频号"服务上线了，刚上线就受到各大媒体的一片看好，认为这是继抖音和快手后的自媒体红利。我在 4 月 23 日也接到了视频号开通的消息，于是我按照策展作品的方式给自己制订了"拍摄视频号 100 天"的计划，我当时想的就是每天用 1 分钟讲一个职场的知识点，坚持 100 天，做成之后这 100 个职场视频就是我的一个"小作品"，于是我就把这个目标发在朋友圈里做了公开承诺，这样可以倒逼自己坚持输出。

2. 尝试新方法

公开承诺计划后，我就开始了拍摄，往往第一个"作品"是

最难产的，因为自己的工作就是站在讲台上说话，所以一开始自信满满，觉得"一条"就能过，结果拍了50多遍，折腾到快凌晨还没弄好，最后，第55遍总算勉强合格，那一刻深深体会到为什么人们总是容易高估自己的能力。

有了第一次折腾的经历后，其他事情就容易很多。为了能让自己坚持下来，我放弃了反复打磨脚本，研究背景音乐等繁琐的做法，而是采用分享职场干货的策略，戴上麦克风就开讲，让自己在20分钟之内完成拍摄和剪辑，以此保证即使在讲课、写文章很忙的时候也能确保100天不断更的目标达成。

从4月23日开通视频号拍出第一个视频，一直到8月7日，100天拍摄计划如期达成。这个过程中遇到了很多困难，比如选题匮乏，点赞和浏览量不高，于是我迅速在朋友圈发了条消息组成了"视频号帮帮团"，大家给了我很多好的点子和反馈，调整后视频有了很多积极的反馈。在拍到第40个视频时，我想出拍职场系列话题的点子，用户增长数和推荐明显增加。最惊喜的一次是，收到一位团队管理者的反馈，他用我的视频号给员工每天开晨会，大家的反馈效果很好。这个反馈一下子让我热情高涨，决定去专门研究视频号的一些资料、请教在抖音等短视频平台工作的朋友、查看热门视频号的视频来学习。

3. 阶段性成果复盘

在拍摄第 100 个视频的时候，我写了一篇复盘和感悟的文章，名字就叫作《拍摄视频号 100 天，我最大的收获是什么》。我从成长的视角总结了三点做了分享：第一，任何事情开始是最难的；第二，热爱是精通的副产品；第三，做事的目标决定了我们的策略和心态。然后在文章里宣布成立了一个视频号的互动群，帮助大家和自己更好地抱团取暖。

文章发出去之后，社群一下子就来了 300 多人，我还借助这个势能邀请视频号的工作人员加入群里给大家答疑解惑，连接资源。一家企业的培训负责人看到文章后去看了我的视频号，主动找到我希望能够购买我的短视频放到他们公司的学习平台上，作为员工的学习素材。最后居然惊喜地收到"新榜"评选出来的"职场号前 50 名"的荣誉，我排在第 49 名。一开始一个小小的公开承诺就这样被一步步推进和放大，我也受到很大的鼓舞，觉得在视频前表达自己这件事的意义和价值都很重大。

最后，分享一段罗振宇老师在得到"启发俱乐部"中关于"策展思维"的精彩讲解：

这世上所有展览的特点，都是在无边的噪音中有所选择，都是在为庸常的生活赋予意义，都是在空间和时间上划定了边界。

选择，让我们可以专注；意义，让我们乐此不疲；边界，让我们得以喘息。

我们的选择，我们专注投入的东西，构成了我们的人生，创造的过程就是寻找自我的过程，在转型路上，这无疑是对我们成长最好的见证。

第四节　讲好转型故事，实现真实蜕变

几年前，我去参加了一门课，课程名字叫作创造有意义的工作，主讲人榎本英刚是一名来自日本的职业研究专家和职业教练。

课程开始时，他讲了一个自己的故事，他说："我小时候每天都看见父亲出门去工作，但从父亲的表情能看出他并不开心。"6、7岁的孩子正是对什么都好奇的年龄，所以他想不通为什么一个人不喜欢一件事还要每天去做它。于是，榎本英刚跑去问父亲，结果父亲勃然大怒，说："你给我闭嘴！"但他没有放弃，又跑去问母亲，母亲的回答让他更害怕了。母亲说："孩子，等你长大以后就知道了，因为有一天你也会工作，那时你就能体会到你父亲的心情了。"

父母的回答在榎本英刚的心里埋下了好奇的种子，后来他的硕士论文研究题目就是《如何创造有意义的工作和人生》。一直到他参加工作，经历了很多事情，做了很多在其他人看来觉得匪夷所思的转变，但他始终没有放弃对这个话题的学习和研究。

二十年前，他在美国结束学业，回到日本开始推广他的研究成果和理念。但当时的社会环境和人们的意识让他没有办法靠教练这个工作养活自己。于是他一边兼职一边继续推广教练的理念，一直坚持了 5 年，当工作坊的影响力越来越大时，他才彻底转型全职从事教练工作。

榎本英刚通过自己转型和折腾的过程，不断审视和探索自己生命的意义，他开始在全球范围内开设工作坊传播他关于工作和生活上的理念和主张。他做过很多份工作，这些经历的积累最终让他成为一名教练，去帮助更多人找到有意义的工作，过上幸福的人生。

当榎本英刚用他那温暖、缓慢的声音把这个故事讲完，在场的人无一不被深深打动，觉得他做的事情确实是一件伟大且有价值的事情。

一、转型过程中为什么我们需要故事

1. 用故事进行身份的重塑

知名的管理学者、职业发展专家埃米尼亚·伊瓦拉博士把职业转型定义为"一个人职业身份重新塑造、重新阐释的过程"。

什么是职业身份的重塑？

简单说，就是把"我过去是什么人"和"我将成为什么人"联系起来。比如，一个在金融行业工作多年的人转身一变成为一名美食家，这个转变幅度非常大。他面临的不仅仅是技能上的变化，还需要从心底去理解和认可自己转换职业的意义。这时，他可以告诉自己和他人：自己原来就特别喜欢享受美味，过去做金融工作时，就很喜欢给大家安排美食活动。现在，他意识到，自己能从做美食这件事情中愉悦自己，还能够赚钱养活自己，这就是世界上最美好的事情，值得我去追求。

当我们构建一个故事，在这个故事的框架下，你之前的经历、寻找和尝试都变成了支持你这次职业转型的重要探索阶段，我们由此更能认清自己的价值观和优势，也能更坚定自己选择的道路。

2. 故事能产生连接并获得转变的力量和支持

《人类简史》的作者尤瓦尔·赫拉利说过，哺乳动物之中，唯有人类能与无数陌生个体展开合作。这是因为，只有我们能讲故事，并将其四处传播，只要大家都相信同一个故事，我们就能遵守同样的规则，从而实现有效的合作。

三年前，我从大公司离职出来做独立讲师时，很多人都不理解，包括我的家人，没有理解就很难有信任和支持。于是我把自己在转变过程中的思考和经历写成了一篇文章《从企业 HR 到独立培训师，我是怎么走过来的》，那篇文章引发了很多人的共鸣，尤其是那些想要突破瓶颈期，但又犹豫不决的人。大家纷纷转发我的文章，很多原来的 HR 同事因为这篇文章找到我，还主动邀请我去他们企业授课，让我在转型初期获得了很多的机会和支持。

再讲个故事，有些人的职业转型未必是主动开始，而是因为身体、家庭等原因被动转变的。比如我组建的"转型人"年度社群，在一次交流会上，一位女士分享了她的转型故事，她是这样说的："你们面临的是职业转型，而我面临的是身体转型。"原来她在一家快节奏的企业上班，去年得了癌症，患病让她整个生活节奏慢了下来，她也开始研究医学知识。在研究过程中她积累了很多学习素材，也发现自己喜欢上了中医，她说等自己身体状态恢复之后打算转型中医相关的工作，一边传播健康知识，一边深

耕自己的热爱。

在场的其他伙伴听了后纷纷给她点赞,还有很多人在会后给她发私信鼓气加油。她后来和我们说,没想到自己把这段经历分享出来,得到了如此多的反馈和支持,她收获了很多内在的能量,也更有动力去做接下来的转变。

当我们做出转型、跨界的转变时,我们需要为自己的转变赋予意义,去讲述一个能给自己带来力量的故事,还能在传播和讲述过程中获得他人的理解和支持,更好地帮助我们真正转型成功。

二、如何讲好一个转型的故事

转型故事这么重要,我们怎样才能让自己学会讲述一个打动自己和他人的故事呢?

1. 平时注意积累素材,随时有提炼故事的元素

积累素材可以从自身和他人两个方面着手准备,我们可以着重积累自己以下类型的故事:

第一类,成就故事。

成就故事是那些做得不错、过程中也很有满足感的事,我们通过成就故事可以很好地传递观点。

举个例子，我在离开企业转型出来做培训师后，很多人都问我："自由讲师收入不稳定，你为什么有勇气在大环境不是很好的时候离开安稳高收入的工作去自立门户？"

这时我就会讲个故事来表达我对于勇气的观点。

真正的勇气不是盲目的自信和冲动，而是要用积极、持续的行动为我们当初"盲目的自信"负责任。我梳理了自己离开企业后的行动数据：

从 2018 年 7 月 20 日离开外企，到 2018 年年底，短短 5 个月的时间里，我讲了 52 天的线下课，录了 2 门线上课，做了 80 多个个案咨询，写了 5 万多字的公众号文章，为了抱团取暖，还组织了 7 场线下培训师的聚会活动。

2019 年，我讲了 110 天线下课程，开发了 2 个特训营，做了 100 多个个案咨询，写了 20 多万字的文章……

每次分享这个故事，都有很多人被触动，开始采取行动，而我对自己所要投身的事业也越坚定。

第二类，低谷故事。

一个人最低谷的时候，通常是因为价值观和优势被压抑，所以低谷故事讲出来同样非常有力量，因为低谷的反面就是我们看重的价值观和优势，我们借着这样的故事来展示我们的价值和

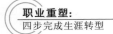

优势。

我职业生涯最低谷的时期是我做人力资源业务伙伴（HRBP）的最后一年，就在我的专业经验、薪资水平不断上升的时候，我陷入了一种深深的焦虑和无力感中。虽然工作结果和项目得到了领导和同事的认可，但我知道协调推进、综合管理并不是自己内心真正的热爱。

于是，我来到了职业规划的课堂，当我在课堂上探索出自己的核心价值观"智慧、影响、连接"时，我甚至掉下了眼泪。我终于知道为什么自己在工作上拼命努力却很难找到意义和精进动力的原因了。于是我开始转型专攻企业培训和人才发展的方向，这一切带来了后来的成长故事，让我能有机会跟你们分享我的故事。

除了记录自己的故事外，还可以通过阅读和收集他人的故事找到共鸣和灵感。在我的公众号"舒祺聊职场"上，我们采访了很多转型成功或者正在转型中职场人的故事。比如，之前我们刊登过一篇转型故事，写的是生活在三四线城市的职场妈妈如何通过行动把全家搬迁到省会城市开启新生活，从而改写自己人生的故事。

很多女性读者都被文中这句"我以为自己是为了孩子选择放

弃事业的发展，如今回想，实际是对自我的迷茫及畏缩才在当时选择一条'相对'安全的发展道路"深深触动了，也纷纷给我们投稿分享自己的思考和转变故事。

平时有意识地收集他人的转型故事，可以在听别人分享经历时多问几个问题，比如："是什么激发了你想要转变职业呢？在整个转型过程中最困难的事情是什么？转型过程中你得到了哪些人的帮助，对你的转型有什么帮助？转型后遇到了哪些挑战或问题，你是怎么过渡的？"往往几个好问题就会引发一篇引起共鸣的好故事。

2. 用一个故事公式把元素有机组合起来

即使积累了很多故事素材，很多人还是无法把故事流畅、生动地讲出来，给大家分享一个公式：

转型故事＝低潮＋逆袭＋成就＋愿景

我用一个社群群友的真实转型故事来做个示范：

低潮。

我毕业于复旦大学，年年得奖学金，还拿到了"上海市优秀毕业生"的称号。这本该是通向星光大道的开局，却因为听爸妈和男友的话跑到国家级旅游风景区附近，端了一份铁饭碗。

过去的 25 年，我只知道学习，什么职场套路通通不知，打

杂办会、勤务保障也是一脸懵懂。

"名校毕业生也就这么回事"，三年后，我背着这样的评价，被发配到舞蹈队当了个所谓的主管。那是一段闲得发慌的日子，没人管你几点起，办公室隔壁就是床。看着同学们混得风生水起，心里又苦又涩。午夜梦回，我总在问自己："你甘心吗？不甘心，又能怎样？"

逆袭。

我给圈内各个朋友、长辈打电话，去分析讨论职场前三年都有哪些"坑"，还拿出之前在学校应考的劲头概括、总结、写笔记。

我想，既然外部对自己没要求，我给自己定目标、去行动。我每天提前 1 小时到办公室，在桌前开始规划自己一天的任务，并且自己监督打卡。后来，偶尔得知一次集体写稿的活动，我争取到机会加入其中，并且全力以赴。以前的积累终于发挥了作用，我在这次活动中崭露头角，让领导看到被发配的那个我，原来也有堪用的地方。

成就。

后来，单位决定要办内部网站，领导说让我试试，于是我一边兼顾原来的工作，一边研究网站设计，找来懂代码的伙伴帮忙，几乎一个人把单位的网站搭建起来。后来，上级交代了一个临时任务，正逢单位放假前半天，我就去一个个下级单位跑，说明情况取得支持，最后我们的完成率超过了全系统80%的单位。这次活动得到了上级的认可，这次的认可转化为我持久的工作支持，后来我们拿下了全系统最佳网站的称号。

借着网站项目与上级打交道的机会，我又看到网络舆情的需求和发展前景，我开始总结创建网站的经验，考取舆情分析师、争取培训机会，最后争取到去总部网站工作，积累了人脉，也让更多人看到我的价值。就这样，机会一个个到来，我一个个抓住，半年后我重新回到了原来的办公室，而窗边的阳光依旧。

愿景。

后来我对个人成长产生兴趣，去学了职业生涯规划的课程之后我才知道，当年踩坑，是因为没有考虑个人与组织气质的匹配盲目择业。而低潮逆袭，恰恰使我在沉寂时修炼了未来岗位的必须技能，抓住机会且愿意担当。

如今，我帮助了近百位职场人，梳理职业困惑，找准未来方向，并用配套行动营陪伴他们能力提升，顺利实现职业转型。他们中有的人从电商打杂岗位转为产品经理；有的迷茫于考研就业，现入职了头部公司……

所以我希望，在接下来的日子里，通过职业生涯和教练技术帮助自律困难的职场人，一点点变成自己喜欢的样子。

你可以按照这样的公式"转型故事＝低潮＋逆袭＋成就＋愿景"准备自己的转型故事，有了框架，积累故事素材也会更有针对性。

故事虽然是一种展示形式，但真正能讲出好故事的人却不是演讲和表达技巧最娴熟的人，而是那些带着故事思维去生活、学习和展示的人，是那些不断与自己的惯性和舒适区做斗争，用自己的生命去抒写故事的人。

抒写故事的过程是一个自我赋予意义的过程，当你有了故事思维，就不会把每天的日子过成流水账，而是变为有情节、有情感、有起伏改变的人生故事，我们所有的生活、积累、精进都是为了启发我们构思自己的剧本。

活着，就是为了创造自己的故事。

转型就是成为你自己

从辅导第一个转型客户到写出这本书已经过去 7 年的时间。这 7 年来，一方面我自己在不断践行"英雄之旅"的 EPIC 模型：持续在探索中聚焦优势；在整合资源中做出产品；在反馈中不断迭代升级。另一方面，也在见证着很多的职场人开启他们的"转型之旅"，在这样的践行和辅导中，我对于"转型"的认知也在逐步发生变化。

一、转型，是一个职业决策问题

最开始我做职业转型咨询时，收到的问题大多是这样的：

我是一名高校研究人员，在海外求学和就职五年，目前在×× 大学做研究，对目前的工作还算满意，但未达到热爱，想放弃研究工作尝试全新领域，但前途未卜，是否该放弃已经积累了十多年的行业转去新领域？

我在一家央企的技术岗位工作五年多，感觉平台和提升空间不大，因为业余爱好，经营一个视频工作室，现在内容创业这么

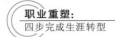

火，该不该转型进入视频领域？

我是一名央企的法律工作人员，十年经验，儿女成双，家庭稳定，内部升迁机会少，不甘心一眼看到头的日子，现在有机会加入创业团队，又有些患得患失，该如何做决策？

……

所以，那时我认为转型是一个决策问题，我们只有在面对人生特定问题、阶段时才需要转型。

二、转型，是一个不断实践和验证的过程

2018 年，我 35 岁，也经历了自己的职业转型，在这一年，我打算离开组织开启自己的事业。

当我跟领导表达我要离职出去讲课时，她很惊讶，因为她刚来公司没多久，不太清楚我对讲课的热情，于是问我："你能讲什么课？"我说："职业生涯规划。"她更困惑了，说："那是什么课？职业是规划出来的吗？你自己就是采购培训的，我们采购过这种课吗？"

我竟无言以对，她看我不说话，继续加码："再说，你一没有企业高管头衔背书，也不是大学教授，什么公司会请你去讲课呢？"

在前途未卜、市场不明的情况下，我依然坚定地做出了离开的决定。

为了让自己的转型决策更理智，我做了很多的功课。我利用人脉去各个知名的培训公司试讲、做访谈；向他们的销售顾问了解卖得最好的培训课是什么，培训的老师是什么背景或特质，怎么可以提升自己的市场价值，持续获客等。一圈调研和思考下来，我发现原来培训课卖得好的老师并不是什么企业高管、专家学者，而是清晰自己"兴趣、优势和市场价值"定位的老师。

拿到这些信息，我仔细梳理了自己的能力优势和独特的工作经验，瞬间就有了自信和勇气。

离开稳定舒适的企业之后，我踏上了自由职业的道路，也才明白领导说的那些话虽然不中听，但她的担忧不是没道理的，自由职业这条路，远远没有想象的轻松。

每个月没有了稳定的收入保障，我需要自己去开拓客户、实现成交，才能让自己先生存下来。因为自己之前的大部分职业经历都在大外企，外企的职业发展体系相对完善，架构清晰，在很多人看来不需要什么分析自我、认知职场再去规划方向。所以很多外企的人力资源从业者不太相信职业规划这套理论。

然而现实情况是，今天的职业环境跟过去相比发生了很大的变化，行业竞争加剧，企业商业模式都在发生变化，职场人如果不能建立自主意识，结合环境资源主动规划就会非常容易陷入迷茫。

意识到这点，我决定利用自己的写作和分享优势从身边人开始影响，我设定了每周写一篇干货文的小目标，然后把文章和录制的微课点对点发给企业 HR 和管理者，也在业余时间帮助他们先梳理自身职业和成长问题，获得认同后再慢慢影响他们的团队和其他人，靠口碑逐步获得复购和影响力。

从 2018 年 7 月 20 日离开外企，到 2018 年 12 月 31 日，短短 5 个月的时间里，我讲了 52 天的线下课，录了 2 门线上课，做了 80 多个客户咨询，写了 5 万多字的公众号文章，为了抱团取暖，还组织了 7 场线下培训师的聚会活动。

这个过程让我明白，很多时候我们面对决策时的恐惧，其实大部分是可以通过持续的行动来解决的，这样的经历让我在日后面对决策时少了对于无畏风险的恐惧。

而且，原本以为转型后至少短时间不用再面对决策问题，但现实情况是我需要面对越来越多的决策难题，但也正是这样的决策取舍才让我更加坚定接下去要走的路。

我离职出来没多久，一个比我年长的高管朋友，他自己有一家公司，当时他想做一个创新项目，于是邀请我跟他见了一面，我们相聊甚欢。他说他正好想邀请几位行业里的资深人士合伙成立一家公司，觉得我很契合他们的目标人选。他邀请我加入，并且很快就把合同发过来了，非常有诚意。

实话说，这对当时的我来说是个不错的机会，因为自己刚离职，势单力薄，如果能在这个时候找到一个抱团取暖的团队，而且都是势能和段位比我要高不少的人，能降低风险和不确定性，但不知道为什么我似乎并没有想象中那么欣喜。

后来我找了一个安静的空间，静下心来问自己："你为什么想接受这个机会？接受的理由是什么？"我发现底层原因还是对自身能力的不自信和对于单打独斗的恐惧。思考再三后，我婉拒了朋友的邀请，选择跟团队伙伴踏踏实实地通过写文章、做课程、做咨询、运营社群，经营"舒祺聊职场"这个小品牌，缓慢但是踏实。

一位企业家曾分享过一句话："人一定要想清楚三个问题：你有什么？你要什么？你能放弃什么？"我非常认同，当你能够主动放弃一些看起来很好的选项时，留下来的才是你真正无法割舍的东西。

经过这一路的遇挫、行动、抉择、反思，我对"转型"这件事有了新的认知。很多人以为转型最难的是迈出决定的那一步，殊不知即使做出了决策，如果没有持续的验证和反思，依然很难获得自己期待的理想状态，时间一长依然会陷入迷茫和纠结。

转型，就是这样一个反复实践和验证的过程，我们通过不断行动和反思，对于人生的可能性进行测试、检验，也在这个过程中增加对自我的认知。

三、转型，就是成为你自己

2020 年 1 月，我做了一个年度社群的招募，这个社群的口号叫作"寻找人生志业，成为年度合伙人"。很多人被"志业"这个词打动，纷纷加入进来一起学习和成长。

什么是志业？就是你能在其中做出滋味，能够给你带来能量、滋养，甚至你愿意为之奋斗一生的事业。志业具有复利增长效应，你越做这件事，越会发现自己的能力在增长，跟其他领域也越来越贯通，这种感觉就像发现一块宝地，而这里面有着无穷精妙的世界。

我认为每一个优秀的职场人在今天这个时代一定要去探索和创造自己的"志业"，积累自己"专业化生存"的能力，让自己拥有不依赖于平台生存的专业技能和影响力。

我之所以提出这样的理念，是受到两个作者的影响，在这本书的最后，我想用文字向这两位"寻找志业，探索专业化生存"方式的先行者和传播者致敬。

第一个人是哈罗德·贾谢（Harold Jarche）。

2014 年春节，我开始思考自己未来的职业方向，没什么头绪。于是我用了自己平时喜欢的几个关键词"学习、成长、自我发展"的英文在网站上搜索，结果搜到了一篇文章——《学习即连接》（learning is connecting），这句话也成为我日后关于学习的信条。

我平时阅读有个习惯，看到好文章或书会去查作者的网站或其他展示平台，于是我找到了哈罗德·贾谢的个人网站，看到他的个人知识管理（Personal Knowledge Management）的课程介绍后非常喜欢。这门课程的核心主题是"社会化学习"，以及个体如何利用社交媒体矩阵去建立个人品牌。

回想起来，自己很早就接触了社群学习的概念，2014 年是微信公众号诞生的第 2 年，社群的概念在国内还远没有普及。2015 年 3 月，"在行"平台推出来，各行各业的专业人士开始利用自己的经验，共享自己的知识或方法来获得回报。

学习完这门课程之后，我结合课程的核心内容写了一个运营计划书，开设了一个名字叫作"知享客"的公众号。"知享客"的意思是知识分享的人。为了践行课程中的方法，我自己也去申请成为"在行"的行家，在行动过程中感受分享和个人品牌形成的力量。

第二个人是查尔斯·汉迪（Charles Handy）。

查尔斯·汉迪是英国著名的管理哲学家，非常具有洞察力，也是很早就预测到"专业化生存"模式的人。

查尔斯·汉迪1976年写了他的第一本书《组织的概念》，他当时在全球知名的壳牌公司工作，但他很快发现，大多数在组织里工作的人其实不理解组织到底是什么，组织是怎么运转的，所以工作在其中的人并不开心，工作也没有效率。

汉迪说，组织会变，但人性是不会变的，科技的发展会让人用不同的方式来安排工作，未来没必要把所有相关人员都集中在同一时间、地点来完成工作。由此，汉迪有了新的思考：如果仅仅买下人们的时间然后有效利用，这种方式合理的话，为什么不直接购买他们生产出来的产品和提供的服务，让大家自己安排时间，这样组织不用监督，节省办公空间，双赢。

那可是20世纪70年代，汉迪就提出如此穿越时代的洞见。

1980年，查尔斯·汉迪出了他的第二本书《工作和生活的未来》，他谈到了"三叶草组织"，即现代组织由三部分构成：主叶是核心团队；第二片是跟企业存在合同关系的个人或组织；第三片是有很大弹性的专家或个人——兼职、顾问。

再后来他为了践行自己的观察，49 岁从壳牌离开成为一名自由职业者，写出了《大象与跳蚤》一书，大象代表传统大公司，跳蚤是那些组合式工作者，包括微型企业和自由代理商这种经济个体。大象和跳蚤其实互为依存，所以要让自己成为大象的供应商而不仅仅是一名依附在上面的员工。

汉迪的思想和行动给了我很大的勇气，他的学识、影响力和对前瞻趋势的预测，都是我渴望自己有一天也能拥有的。这些年，自己折腾了不少事，但我发现所有的事情最后都归结到一件事："**在不确定的时代帮助大家提升反脆弱的能力，从而找到内心的安定和秩序。**"

这种内心的安定和秩序不是一种静止的状态或者达到的某一个高度，而是在不断探索和行动中找到自己内心与外界的动态平衡，向内探索找到动力，向外展示获得能量。

真正的"职场英雄"也不会满足于某个阶段性问题的解决，他们终其一生都会去寻找和践行人生的志业。

工作，也许是一个接一个的任务，一个接一个的问题。但志业是一个人主动去挑战一个又一个的高峰，抵达一个又一个的里程碑，在践行和反思中融入你对这个世界的表达，把价值观融入日常的生活里，达到知行合一、融汇贯通的状态。那天，好友陈硕老师跟我说："你看，这个转型的'转'字，左边一个车，右边一个专，其实就是为你自己这辆车找到更适合你的专属车道。"

我想这样的"转型"之路会一直持续下去，也希望这本书能像点点星火微光，照亮每一个向上生长的人。

故事一　20 多岁新人转型：如何用每一次选择布局职业生涯

大多数人的职业转型都是脆弱的，所以那些在一次转型失败后被打回原形的人，往往会故作高深地奉劝别人不要"瞎折腾"。

反观那些转型成功的人，他们几乎都掌握了一套"反脆弱的折腾策略"。

反脆弱的转型其实是一种建立掌控感的多重防御机制，若杉就是一个反脆弱高手，在职业转型之路上走得又稳又快。

23 岁，若杉在英国谢菲尔德市读新闻专业，她采访了很多人，写了很多文章，跟系里的同学一起参观了 BBC 总部。那个时候她认为自己一生的事业是献给新闻业。

25 岁回国后，若杉凭借过硬的专业素养进入中国新闻社，成为一名新闻记者，一切都非常顺遂。然而她却在半年后选择辞职，并且几乎离开了新闻行业，她说她不喜欢以那样的方式与文字相处。

26 岁，若杉开始在猎头公司就职，工作三年后，开始以一个职场人的身份去看人、了解人。也是在这个过程中，她慢慢萌生了学心理学的想法。

28 岁，她下定决心，又一次辞职，开始全职学习心理学，之后她取得了国家二级心理咨询师证书，在中科院读完了临床心理学在职博士研修班，在北京大学全职实习，在督导老师的陪伴下走进咨询室，后来正式成为一名心理咨询师。

30 岁，她开设了自己的微信公众号，写心理学相关的文章，相继成为壹心理、张德芬空间等多家媒体平台的签约作者，文章被《人民日报》、有书、思想聚焦等多家知名媒体转载。

31 岁，若杉出版了人生第一本书。

若杉现在在北京核心商圈的写字楼里有一间自己的心理咨询工作室，一半时间留给自己最喜欢的文字，一半时间为不同的客户做咨询，把自己喜欢的事变成了成功的事业。

其实，每一次的转型都是在做选择，职业选择的本质是逐渐找到符合自己的底层人生价值的路径。

这条路径最开始往往是模糊的、脆弱的，只有在不断和外界碰撞之后才逐渐明晰、串点成线。如果你有意识地去选择一条既符合内在需求又契合时代趋势的大道，那么就是一种反脆弱的明智策略，你的转型"英雄之旅"就不会那么迷茫和艰辛。

若杉就建立了一套很好的反脆弱系统。

一、在多变世界中找到稳定的内核

若杉在大学做了四年的校报记者工作，利用所有寒暑假在报社实习，随后远赴英国进修新闻专业，回国经历了 N 轮面试，在激烈的竞争后，才进入了中国新闻社。很多人会选择"专业＋实习＋第一份工作"的设定并走完一生的职业生涯，但若杉工作半年后就全部推翻了。

我非常好奇，问若杉离职的具体原因，她说："我喜欢的是文字本身，不是新闻。我爱的是文字本身的美感，是自然流淌的感觉。而新闻强调客观，不能修饰、不能排比、不能表明自己的态度，这样与文字相处的方式，不是我想要的。"

若杉的故事似乎在告诉我们：在职场初期也有资格谈理想，要全然地做自己。但是要看清，"任性"选择的背后是充分的自我认知和具有一技之长的支撑。

若杉从 8 岁开始写作，她的文章一直是范文，用她的话说就是"文字是长在我身上的东西"。她本科不是新闻专业，但不是科班出身的她从大一开始，就在学校校报工作，在当地的媒体实习，学习之余，她几乎每周出稿，后来把这些稿子编成一本文集，她就是用这本文集打动了谢菲尔德大学的导师。进入英国的学校后，她用自己几乎所有的时间跑遍了谢菲尔德市的每个角落，不停地采访、写文章……

即便如此，她从中国新闻社离职后也很有压力。

"走过了很多路，才发现为之努力的方向，不是自己所期许的模样，这种感觉，一点都不美好。我会质疑自己当初为什么没有想清楚，会怀疑这样坚持内心的想法是不是太任性，也会衡量这样离开的代价会不会太过巨大。"

若杉说，曾经一个亲近的朋友只问了她一句："你究竟在忙什么？"这句话就让她泪流满面，因为她觉得自己走了一条与全世界都不同的路，不被理解，无限孤独。

你的自我认知程度和傍身技能是否能经得起这些压力测试？

大部分人成功转型都是从一种"确定性"开始的。在复杂多变的时代，找到自己能够在多个场景下、较长周期内经得住考验的性格特质或者志趣，从局部的确定性出发，去到更广阔的不确定环境中才不至于迷失自己。

你可能会说，我没有若杉那么幸运，她有明显的一技之长和非常执着的东西，我应该怎么办呢？我的建议是：多去尝试，串点成线，找到稳定的内核。

举个例子，我之前去参加创造有意义的工作课程，老师榎本英刚讲过一个他自己的故事：

小时候，他想当一名建筑师，但因为数学成绩不好，老师说："就你这数学成绩还想当建筑师，盖出来的房子还不塌了！"于是这个职业梦想破灭了。

后来，他曾一度想成为导游，但父亲说："我的孩子怎么能做导游这样的工作，你要进研究院做科学家。"于是梦想再次破灭。

直到后来，他遇到了教练这个职业，这一次他自己做主，一边兼职做着翻译的工作（80 年代在日本光做教练养不活自己），一边用教练的方式推广他关于有意义的工作和生活的理念，一直到今天。

后来他惊喜地发现，原来这看上去不相干的三者之间，其实内核是一样的，这个内核是——设计，建筑师设计房子、导游设计路线、教练设计我们的人生。

职业的形式可能不同，但你想从事这个职业的内核可能是相同的。

所以，不要把自己局限于某个具体职业上，而是要找到这份职业背后让你不厌其烦、愿意投入时间精力的东西，围绕这个内核去进行更大范围的职业选择。

二、每一次选择都是职业生涯布局

若杉的第二次选择是成为一名猎头。看似和之前毫不相关的工作，但若杉有自己的内在逻辑和偶合的职业生涯布局。

"26 岁的我暂时没有办法靠写文字去养活自己，便选择了跳出原先的圈子，去认识不同的人，同时为梦想积累起飞的资本。做猎头，无疑是一个绝好的选择。"

"文字来于人心，流向人心。做猎头工作，能站在全新的角度，与不同的人沟通，去了解他们的需求，知其内心所想。我对与人打交道这件事是乐此不疲的。"

若杉内心的想法恰恰契合了"人生选择"的规律。

知名心理咨询师陈海贤老师提过两个关于"做选择"的原则：第一个原则，要想清楚你做的是经济选择，还是心理选择；第二个原则，从自我创造的角度去思考选择，而不是从环境的可能性去思考选择。

若杉的选择正好契合这两个原则。首先，她很明确自己做的是心理选择而非经济选择；她没有纠结于哪家公司名气大、薪水高、晋升快，而是基于清晰的自我认知，她很明白自己喜欢什么、要的是什么。其次，从记者到猎头，她没有被自己的专业、第一份工作所局限，而是在这个"自我创造"的过程中，发现缺什么就去补什么，而不是基于现有的资源和技能去选择。

每一次的选择不再是单个节点的权衡利弊，而是面向未来的系统性安排。正是这种主动性和战略性，为她后期能创造出一份既有职业收益又有职场幸福的工作打下基础。

三、在需求缺口处发现职业机会

若杉跟我说，她第一次坐进咨询室的那一刻就知道，这就是她想要的工作状态。

即便如此，她在一开始也不知道自己会做心理咨询师，而是她在做猎头的时候发现很多人对于心理咨询都有需求，为了自己能更加专业地为他人答疑解惑，她才下定决心去全职学习心理学。没想到几年后，国内的经济发展趋势使得个人对于心理咨询的需求逐年上升。

从这个意义上说，对于个人职业发展而言，"探索自我、认识自我"不再是一个关门死磕的"小格局"事情，它已经是我们在做自己的过程中去思考时代趋势，规划如何搭上时代发展的顺

风车的长远规划的事情。

但这一切需要我们对于变化保持足够的敏感，这种敏感需要我们观察当前自己的工作路径是否偏离了想要实现的目标，以及所做事情对于最终目标的贡献价值有多少。领英的创始人里得·霍夫曼说过一个故事：奈飞公司的CEO哈斯廷斯在一次采访中被问到，公司准备制订五年计划还是三年计划？他说："二者都不是，在硅谷，三年就会发生天翻地覆的变化，我们不可能那么早就制订好计划。奈飞不会早做打算，而是保持灵活变通，始终处于试验阶段。"霍夫曼称之为"以永久的测试之心与多变的世界接轨"。

所以从内在的"价值观和驱动力"出发，在过渡阶段探索和蓄力，结合外部数据和趋势，在需求缺口处找到可以支撑我们的主要收入和满足市场需求的具体职位。

对于终身转型者来说，职业，只是一个名字，在这条转变进阶的道路上，没有终点，只有一个个里程碑。

故事二　30多岁女性转型：如何用支持系统构建丰盈人生

如果你经常参加个人成长、职业发展类的课程或者沙龙，会发现女性占绝大多数，有时整个班里就几个男士，这种现象不禁让人好奇："为什么爱学习的都是女性朋友？"

其实很多人旺盛学习劲头的背后是被她们正在经历的人生困惑推动着的，每次讲完课的课间，都会有不少女性学员上来私聊："老师，如何平衡工作和家庭？"其中有一个群体尤为焦虑，那就是全职妈妈，她们中的很多人会一脸愁容地问我："感觉自己没有一技之长，如何才能既平衡好家庭，又找到自我价值？""孩子上学了，我想重返职场，但是不知道自己能做什么，想做什么，一点信心也没有……""孩子他爸说如果我出去折腾就离婚！我该如何说服他？"……

产生这些困惑的原因各种各样，从外在因素来看，女性承担了大部分家务和教育子女的角色，很多女性既想要实现自我价值，又要尽全力平衡好家庭角色，尽到责任。从内在因素来看，很多女性终其一生都在和自我设限作斗争，自信问题是很多职场女性的痛。同样的职场晋升机会，男性经常会在还没有准备好时就认为自己早该得到升职，而同样的情况，女性却会在机会来临

时觉得自己还没有完全准备好。

面对内部和外部的双重考验，很多女性在面对转型问题时阻碍重重，女性的转型问题不是简单给几条策略就能轻易解决，很多时候它需要一个人由内而外地进行自我重塑，想要成功实现这个重塑的过程，需要三大资本，四个步骤。

女性转型的三大资本：心理资本，弄清楚自己转变的动机、意义和价值，为转变提供动力；能力资本，通过学习获得新的知识、技能，为自己的转型提供底气；社会资本，通过参与社交活动形成的人际关系，这点很关键。

四个步骤：静心觉察；行动突围；持续学习；社群联盟。

通过"三大资本、四个步骤"来打造多方位的支持系统，才能突破困境，让女性具备更强大的职业胜任力。

我用身边一位全职妈妈莉莉转型的故事来给大家阐释这三大资本和四个步骤。通过转型，莉莉不仅找到了自己热爱的事业，也开始了热爱的生活，她很庆幸通过自己的努力实现了今天的理想生活。

一、静心觉察

"我和先生认识 21 年，结婚 13 年，婚后吵架的次数屈指可数。但在转型的路上，却爆发了有史以来最激烈的冲突，我先生以为我已经习惯了全职妈妈的角色，所以希望我安心主内，他主外；而我其实渴望逐步回归社会，保持独立性，我在意家庭但不愿意被家庭束缚。"

"这一次的直接冲突让我开始反思自己，我发现自己内心原来是如此地渴望社会认同和成就感。但其实之前自己的转型行为却都是半试探的心态：决心不大，虎头蛇尾，有兴趣就试试，大不了就退。内心的任性和依赖性其实很强，这是全职妈妈转型路上最大的心理惰性。"

觉察到自己内心真实想法后，莉莉主动找到先生提出清晰的解决方案。"我的态度很明确，我要部分回归社会；而他，必须部分回归家庭，这对大家和家庭都有好处。同时我给自己也施加了压力，承诺每月为家庭贡献一定比例的家用，督促自己不再用试探的心态对待转型，而是必须有成果。"于是双方达成一致，莉莉也逐步回归到职场中。

这一次的经历后，莉莉开始有意识地通过记录自己的反思和撰写复盘日记来训练自己的觉察力。"真正要做到独立很难，独立的前提是你要清楚你到底想要的是什么。要发现自己真正想要的，就不要被角色化的东西束缚，要懂得捍卫自己的感受。"莉

莉坚定地说。

二、行动突围

觉察是一切改变的起点，但仅仅停留在觉察上是不够的。很多人想要转变，但每天处于反思却做不到的恶性循环中。对于全职妈妈来说，好几年不工作，重返职场时总是缺了点底气。如何突破限制性信念？

莉莉有句口头禅："想，都是问题；做，全是答案。"

莉莉的转型行动始于她上完职业生涯规划师的系列课程，上完课受到鼓舞，她用了一个多月的时间就实现了收费的案例咨询。但后来赶上暑假，一带娃忙起来就懈怠了，而且不停找收费客户也不是件容易的事，内外一阻碍，行动就开始怠慢了。暑假过一半时，她意识到不能再这样下去了，于是立马行动去拍职业照，拍照的时候接到一个老朋友电话，邀请她到一个猎头公司担任项目经理。她认定这是个必须抓住的机会。

"做项目经理那段时间，心情很愉悦，自信心爆棚，因为我发现虽然自己离开职场几年，但大公司的工作风格和节奏完全跟得上。在项目推进的过程中，我对行业发展趋势有了更多了解，而且我的沟通优势得到了进一步的发挥，客户和后台对我的反馈都非常好，我很快就找回了当年在外企工作的熟悉感觉。"

所以，无论怎样一定要动起来、走出去，光想是没有用的，要用行动让自己融入职场氛围，才能重新积累技能和自信。

很多人都知道行动的重要性，却仍然做不到持续行动。如何让自己在转型过程中保持持续的行动力？给几个小建议：

1. 对别人说。和对你有积极期待的人说出你的目标和行动计划。如果你不行动，由此产生的社交监督会让你加压；如果你行动了，带来的社交认同会让你减压。

2. 和别人一起做。找到志趣相同的人，一起行动，互相鼓励监督。现在互联网有很多不同主题的高质量社群，可以选择和你目标相关的、性价比高的社群加入其中。

3. 教别人做。教别人是重塑自己的最好方式。例如，你想提高写作能力，那就尝试指导一个没有写作基础的伙伴，带着他建立写作系统、做相关练习。

生活即是行动。很多女性朋友在转型的时候陷在那里冥思苦想为什么要做，其实动起来做一做，动机的问题就会清晰很多。

三、持续学习

女性在重新步入职场之后发现，很难适应新的环境，因为在这个复杂多变的时代，很多业务知识、管理理念已经变化了很多。所以需要一边用行动突破自己的限制性信念，一边还要不断地学习来提高效率、增强适应能力。

莉莉之所以在重返职场的时候能迅速进入角色，是因为她是一个对于新事物抱有好奇心、学习力超强的人，以下是她自述的部分学习经历：

2013年5月—2015年4月，这两年虽然是全职妈妈，但我同时也在发展兴趣爱好：摄影、茶艺、中国传统文化等，曾担任过中国志愿者网讲师；

2015年—2016年，加入创业女性社群，为全职妈妈们搜罗各类优质课程，蹭了不少有关心理成长、儿童教育、亲子关系的好课；访谈了数十名成功转型的榜样人物，打开了我对生涯可能性的探索。

2017年，我一口气上完职业生涯规划师的系列认证课程，并用1个多月时间实现了收费咨询，还在社群、高校做了收费沙龙，反响很不错。

2018年4月，参加生涯咨询督导营，专注提升一对一咨询，因为在督导营表现出色，又加入"新精英咨询体验营1.0"做教练，又在新精英写作、公益咨询团持续学习，得到大家一致好评。

2018 年 9 月，参加了创问教练公开课，一方面想搞清楚我情绪和个人发展的波动曲线；另一方面，去探索如何激发内在的激情和动力。

2019 年 3 月，加入舒祺老师的职场核心竞争力读书营，读书营内容基于职场人"内修"+"外求"的 7 个核心竞争力梳理和共读 14 本经典好书，不仅对于我去讲授生涯课程，同时对于我建立自己的知识体系有非常大的帮助。

2019 年 4 月底至 5 月，我前往北京学习 4D 领导力，这是一门大道至简的心态调整和行为落地课程，4D 领导力不仅提升了我的职业可能性，也让我的家庭氛围越来越和谐。

······

莉莉还有一个习惯，每当看到书中一些有用的、有趣的工具和方法，就会和现实工作生活中的相关问题和需求联系起来应用，这样不仅强化了学习效果，还逐步在周围的朋友和同学圈中建立影响力。

四、社群联盟

近年来学习和成长社群越来越多，转型阶段加入适合自己

的社群，通过学习的方式搭建和拓展自己的人脉也是很关键的要素。

莉莉深有感触地说："人脉意识是很多女性缺失的意识。2018年我和猎头公司谈了兼职合作项目的可能性，发现猎头兼职比较困难，就特别后悔当年没有好好积累人脉的意识。所以后来，我把良师、益友、同伴、标杆作为个人成长必不可少的要素。"

抱团取暖其实是女性最聪明的策略，因为女性是一种天生渴望陪伴的生物，联盟让我们更加强大。

莉莉最开始和我结识，也是因为看到我的文章，觉得我们的成长理念和价值观都同频，所以主动连接，还利用来北京的机会见了一面。我俩一见如故，就此结缘。

"社群也给我带来了很多的机会，我学习生涯课程的同学推荐我去阿里巴巴做生涯培训；心理社群的同学给我推荐培训公司的项目。说来也真是有趣，只要我想清楚自己想要的，总有机会不断涌现，这就是吸引力法则吧！"

总结一下莉莉转型的四个步骤：

静心觉察。发现依赖心理，捍卫自己内在的感受，找到自己真正想要的是什么。

行动突围。当陷入自我设限的时候，动起来走出去，通过做事帮助自己建立勇气和信心，在行动中不断校正方向。

持续学习。明白自己的问题是什么，通过各种渠道高效学习，学以致用，并打造学习共同体。

社群联盟。抱团取暖对于女性来说既是需求又是策略，这需要我们有意识地去建立人脉网络、打造联盟，让自己能结构性、大概率地获取机会资源。

其实，转型的过程也是我们从依赖到独立，从独立到互赖的过程。从依赖到独立，是女性的第一次重要转变；而能够从独立走向互赖则是人生真正幸福的开始。

故事三　体制内转型：如何用迭代思维突破内心限制

这些年我辅导过很多体制内的职场人转型，其实体制内的组织包括：公务员及参照公务员标准管理的事业单位、普通事业单位以及各类国有或集体所有背景的企业。

实话说，这个群体的转型很不容易。

一、家庭阻力巨大

体制内职场人的工作性质非常稳定，很多人认为他们不会有什么职业转型的需求，事实上我做转型咨询的这几年遇到了很多客户，他们中很多人有着非常漂亮的履历和极其光鲜的社会地位。例如：银行、各个科研院所，还有一些需要保密的机构名字等。不管从哪个角度上说，这都是在我们印象里，尤其在父母那辈人的眼中的"金饭碗"。

也正因为如此，这个群体面临的转型压力和阻力比其他职场人要大得多，我听过的两个学员"写实版"的故事：一位学员定居首都捧着"金饭碗"，她跟父母沟通想要辞职去追求自己的梦想，当时她妈妈正在剁鱼，听说她想辞职，每砍一刀就说一句："我看你敢辞职……"吓得她晚上梦见自己变成了鱼。

还有一位学员在省会城市捧着"金饭碗"，法律专业出身，自身能力很强，一直想辞职去做律师。她说："哎，我都已经结了婚的人了，有时家庭开销还要我爸妈来补贴。"但当她跟她父亲沟通想辞职时，父亲暴怒，说："我反正已经养了你三十多年了，我就是养你到我走的那天，也不会让你出去抛头露面丢人！"在父亲眼里，只要是需要跑业务的工作就很丢人。

二、自身纠结和内在价值感缺失

其实，就算家人的反应没这么激烈，一旦产生了离开体制并转变职业方向的想法后，他们自己的内心压力也变得很大。公务员的工资虽然不高，但稳定性很强。而一旦转型，伴随稳定工资和福利待遇一同消失的还有社会声誉、舒适的环境，以及即将要面对的快节奏和高竞争环境。

很多年来，外界对于公务员的工作误解很深，以为他们清闲，但其实很多人不仅不闲，还特别忙，开会、写材料、出差、办业务，一天下来根本没有闲着的时候。他们关于职业发展的真正问题在于：因为习惯了稳定的发展路径，极少有人主动想过自己到底要什么。如果不是互联网和科技的加持，他们本身也可以在现有的岗位上发展得很安心，但参加完同学会，尤其再碰见几个赶上风口，进了互联网公司的同学，他们就坐不住了。但，问他们想转去哪，他们的回答大多数是："我没有一技之长，能转去哪，就我这些经验拿到市场上根本不值钱……"

内在价值感的缺失和外界变化快速的现实，让很多人的转型之路举步维艰。

公务员群体的职场人怎么才能成功转型，开启自己的梦想之旅呢？

三、体制内如何成功转型

我自己虽然经历过两次职业转型，但毕竟不是在体制内，不具备说服力，所以我采访了从体制内离开，成功转型到互联网企业工作的悠悠，结合悠悠的转型经历，我给大家总结了"体制内转型三步走"的方法。

悠悠转型前是某事业单位的副主任，转型后加入一家互联网公司做内容运营工作，她用行动向我们展示了体制内转型的正确方法：

第一步，用坚持和行动打动家人。

悠悠的转型始于 2015 年，在专心陪伴孩子一年多后，她重返职场，但当时她就发现自己跟职场有了很多脱节的地方，于是陷入迷茫。当时她想着要不要换个部门工作，但行动了一圈后发现，其实不是环境的原因而是自身的原因。

从那之后，她开始在工作之余主动报班学习，用了两年多的时间来进行自我成长。悠悠这一点做得特别好，在迷茫和纠结中她选择的是用主动行动和学习而不是仅仅思考来破解困惑。在学习过程中，她逐步选定了 k12 在线教育作为自己未来转型的方向。

刚开始萌生这个想法时，悠悠就去跟自己的先生沟通，结果先生强烈反对，非常不理解为什么悠悠放弃一份好好的体制内的稳定工作，跑出去瞎折腾，关键是年龄也不再年轻，转型的成本太大。

悠悠没有放弃，一方面，她用很巧妙的方式跟先生做了很多次的深度沟通，告诉他为什么自己要做出这样的变化，真正让她有热情的事情是什么。后来当悠悠真的离开原来的单位时，她先生跟她说，其实初期他确实觉得风险太大，但看见她的执着和持续的行动与进步，先生也慢慢改变了刚开始的想法。

所以面对家人的阻力时，不要有情绪化的反应，甚至产生正面冲突和争吵，尝试用积极的方式去沟通。与此同时，管理好自己的时间和精力，坚持日拱一卒地行动起来。当家人看到你的坚持和行动，如果还能有一些阶段性成果时，他们的态度可能也会转变，甚至还会慢慢成为你的支持者。

父母虽然反对我们转型，但他们的需求其实很简单，就是希望我们过得好，那就做给他们看；伴侣的需求也很简单，就是跟我们一起过得好。所以如果转变能给你带来积极的影响，他们最终也会选择支持，但在此之前，你需要的是自律和坚持行动。

我见过很多跟悠悠的做法相反的案例，当家人跳出来反对时，他们把所有的时间和精力用来跟家人对抗，而自己的心态也在不断对抗和焦虑中变得越来越消极，继而去埋怨自己命不好，不能遇到支持自己的家人。其实对于这样的职场人，我真的建议应该更谨慎考虑是否要转型，因为一旦离开熟悉的环境，适应新环境同样需要我们积极主动地调动资源，主动获得支持，而不是被动地期待他人来帮助我们实现目标。

第二步，调适情绪，走出圈子，激发自己。

在争取家人支持的同时，悠悠还通过记录晨间日记的方式来梳理自己内心的情绪和不安。她把自己好的、不好的、恐慌的、沮丧的、纠结的等情绪都写出来，只写给自己看，写出来之后，很多焦虑的情绪得到了缓解。

同时，她还积极走出自己的圈子，利用在外面公益讲课的机会认识了同样从体制内离开的长辈朋友。这位朋友已经 60 岁了，跟悠悠的母亲年龄一样，但依然在讲台上为自己的学生激情满满地授课。

她跟悠悠说，自己在二十年前选择从体制内离开，二十年后跟以前的同学的生活境遇完全不同，视野和格局也不一样，但她从来没有后悔过自己的选择，而且她当年离开体制时比悠悠的年龄还要大，身边这样的榜样给了悠悠很大的动力。在入圈子的同时，悠悠结识了她现在公司的老板，这个老板成为她最后决定离开体制，开始全新职业生涯的直接推动者。

第三步，快速学习、迭代思维，度过转型适应期。

从主动行动、开启学习到真正转型去互联网公司，悠悠用了两年多的时间。但在正式入职新公司的时候她才发现，虽然过去也从事教育行业，但进入互联网这个新领域一切还是从零开始。她总结了几点让自己快速度过这段适应期的方法：

第一，多问问题，多请教。互联网公司 90 后的孩子特别多，不要守着自己过往经验觉得自己资历老、经验多，而是不会就问，三人行必有我师，谁会就问谁。

第二，快速行动。经验是在动手做的过程中获得的，只有做过了你才能知道坑在哪里，才知道原来你觉得很不起眼的模式自己可能根本就做不到。

第三，不断学习。参加最新的行业大会，了解最新的行业趋势和客户的真实需求。

第四，及时复盘。对过往工作经验及时总结，让自己成长加速。

以上四个方法，不断循环，悠悠最后用了三个月左右的时间让自己对互联网、用户思维有了深刻的认识和了解，她的开放心态让她成为公司里成长最快的那个人。

悠悠的转型故事到这里差不多就结束了，虽然前方的路对于她来说依然充满未知和挑战，但我想悠悠也一定跟她欣赏的那位长辈朋友一样，用自己的努力和行动来证明不会后悔当初的选择。

这些年辅导的很多体制内的职场人都跟我说，觉得自己的工作自由度很低，当前负责哪些工作、未来能晋升到什么职位、分管哪些领域，大多以单位领导和组织部门的意见为主，很难以自己的意志为转移。面对不喜欢的工作，缺乏热情；面对不清晰的未来，不知如何提升自己的能力，缺乏自信。他们时常处于迷茫和焦虑情绪中。

我非常想跟有这样想法的职场人分享我对于"体制"的一个定义：所谓的体制，不只是央企、公务员，任何给你带来安全感而且阻碍你成长，但你又觉得它不够好的东西，那个东西都是"体制"。体制束缚的不是我们的发展，而是我们的内心。

其实体制内外的生活无所谓好坏，如果你内心笃定，行动迅速，其实在哪里都能逐步实现自己理想的生活。

如果你人到中年，渴望平衡，或许体制内加斜杠的身份比艰难转型更合适，一方面有稳定带来的安全感，同时也有时间兼顾自己喜欢的事情。毕竟外部的市场对于一个人的时间精力、自律和投入要求更大，这一切没有内心真正的热爱驱使，其实很难持续。所以，仔细盘点一下自己的资源和内在需求，再决定是否真的要开始转型之路会是更妥当的做法。

致 谢

这本书从构思、撰写到反复修改成书历时近两年，在这期间收到了太多人的支持和帮助，在此表示感谢。

首先，要感谢带我走进生涯领域的古典老师。到今天我依然记得在职业生涯最迷茫的时候，古典老师用诙谐智慧的语言点亮了我的职业世界，我也由此找到了终生热爱的事业。

其次，特别感谢职业成长道路上给予我莫大帮助的导师Nancy。我们亦师亦友，惺惺相惜，没有她的引路和指导，我不会有如此大的勇气不断突破自己。还要感谢曾经在职场上给过我很多帮助的领导和同事们：孙部长、Abi、方姗、杨晓雪、Linda、张婷婷、Sherry、Cathy，同行之情，终生难忘。

感谢我的事业好搭档赵婷婷老师和陈硕老师，遇见你们是我创业路上的一大幸事。特别感谢在奋斗路上并肩作战或给过我很多支持的常雨龙老师、周欢老师、袁野老师、申君轶老师、Lily老师、Jessica老师、刘争臻老师、田佳欣老师、王公子老师、吕丽老师、袁宾老师、杜佳老师、Delia老师、杨珂老师，与你们的共创和交流，让我觉得创业路上不仅不孤独，还充满了乐趣和好奇。

其次，感谢我的家人。在此特别想感谢我的公公婆婆，正是他们数年如一日对我们小家庭的付出和支持，我们才能心无旁骛地投入到事业奋斗中；感谢我的先生、我的父亲以及各位挚爱的亲人们对我的包容和支持，让我有底气不断挑战自我，成就自己。

感谢两个可爱的女儿。你们的出生带给我无限的力量，跟你们的互动让我懂得了育儿先育己，身体力行去成为你们的榜样。

还想感谢我的爷爷奶奶。奶奶是这个世界上最心疼我的人。爷爷从小对我要求严厉，记得我离家去读寄宿制学校，爷爷还经常写信给我，教诲我要成为对社会有用的人。如果他们在天有灵，看到这本书的出版，一定也会很欣慰。

此外，感谢在这本书创作过程中给予帮助的各位伙伴。没有你们的共创和参与，就没有书里很多的鲜活案例。他们是：赵国星、张珊宁、李平、泡菜、陈艺博、丘佩凡、田亚勋、王晓辉、王曦、马亮、Lulu、郭晓月、赵爱燕、陈跃华、张谢尔、白桦、杨玉珍、陈小敏、林杉、欧阳坤容、王宁、齐飞、钟佳、高蓓、王唯、钱方、徐鸽、王玎、吴宜燦、袁笑玉、金天宁、张颖、董慧玲、吉力、贾焕、刘瀚颖、刘月、张燕鸥、雯霏、柳喆、王双燕、汤仁杰、商琳璐、李英顺、宋立颖、崔玉婷、李振寰、罗丹、彭燕、夏晴、应丹丹、葛迅、刘梅、江岸红梅、艳霞、赵雨虹、朱师超、紫玫、刘丹、吕萍、黄媛、郭淑华、媛媛、李萍、王恒、陈卓、常睿、王妍琰、熊悦、陈红柳、吴一贝、黄丹、郭丹丹、陈娟、金俊梅、张倩、杜佳、Amelia、Nancy、Jin、Selina、Sandy。感谢为图书提供插画的姜臻老师。

　　还想感谢在新精英生涯结识的、一起成长的各位老师和好友：刘佳老师、杜坚老师、张熙老师、李春雨老师、冯晓雪老师、吴跃龙老师、陈璐老师、王海英老师、郭农老师、王鹏老师、马华兴老师、赵昂老师、罗曦老师、于娜老师、赵新咏老师。特别感谢好友陈睿老师，"EPIC"这个方便记忆的英文组合就是他想出来的。

　　这本书得以出版还要特别感谢机械出版社的王淑花老师、梁一鹏老师、张清宇老师，以及为我引荐出版社的王鹏程老师，还有给过我选题指导的汤汤老师。

　　感谢书中案例提供者：Yoyo、Jerry、张兵、王栋、薛东、王玺宁、若杉、曾诚、阿苏。

　　最后，感谢耐心阅读这本书的人。你们的成长和反馈是我写作最大的动力。

参 考 文 献

[1] 柯维 . 高效能人士的七个习惯 [M]. 高新勇，王亦兵，译 . 北京：中国青年出版社，2015.

[2] 亚理斯多德 . 修辞学 [M]. 罗念生，译 . 上海：上海人民出版社，2006.

[3] 安德森 . 演讲的力量 [M]. 蒋贤萍，译 . 北京：中信出版社，2016.

[4] 杜瓦特 . 演说：用幻灯片说服全世界 [M]. 汪庭详，译 . 北京：电子工业出版社，2012.

[5] 肯德尔 . 对话的禁区：21 个你必须避开的沟通风暴 [M]. 冯沐辰，译 . 北京：机械工业出版社，2017.

[6] 拉塞尔 . 麦肯锡方法 [M]. 张薇薇，译 . 北京：机械工业出版社，2010.

[7] 安德森 . 认知心理学及其启示 [M]. 秦裕林，等译 . 北京：人民邮电出版社，2012.

[8] 迈尔斯 . 社会心理学 [M]. 侯玉波，等译 . 北京：人民邮电出版社，2014.

[9] 冯卫东 . 升级定位 [M]. 北京：机械工业出版社，2020.

[10] 德克森 . 认知设计 [M]. 赵雨儿，简驾，译 . 北京：机械工业出版社，2016.

[11] 高斯，杰拉尔德·温伯格 . 你的灯亮着吗？发现问题的真正所在 [M]. 俞月圆，译 . 北京：人民邮电出版社，2014.

[12] 斯坦顿 . 沟通圣经：听说读写全方位沟通技巧 [M]. 罗慕谦，译 . 北京：北京联合出版公司，2015.

[13] 明托 . 金字塔原理 [M]. 汪洱，高愉，译 . 海口：南海出版社，2010.

[14] 本斯 . 引导：团队群策群力的实践指南 [M]. 任伟，译 . 北京：电子工业出版社，2019.

[15] 施瓦茨．专业引导技巧 [M].3 版．吴凤荣，等译．北京：电子工业出版社，2018.

[16] 下地宽也．逻辑思维，只要 5 步 [M].朱荟，译．北京：企业管理出版社，2014.

[17] 高杉尚孝．麦肯锡问题分析与解决技巧 [M].郑舜珑，译．北京：北京时代华文书局，2018.

[18] 莱克．丰田模式：精益制造的 14 项管理原则 [M].李芳龄，译．北京：机械工业出版社，2016.